日米貿易協定

原産地規則の概要と実務

今川 博 著
Hiroshi Imagawa

JN063191

日本関税協会

【目 次】

第7章　通商法第301条の対中国追加関税措置と日米貿易協定のダブル適用

TEA BREAK（目次）

序文

　本書は、2019年（令和元年）10月7日（現地時間）、ワシントンDCで署名され、2020年1月1日に発効した日米貿易協定の原産地規則の全容を明らかにする実務書です。本書の構成を簡単に説明すると、①日米で非対称となっている同協定原産地規則の**逐条解説**を行い、②我が国で初めて導入された**輸入者のみによる自己申告制度**の実施上の留意点を明確化し、③我が国の輸出者が心得ておきたい**米国の税関手続き**を俯瞰し、④特定材料の原産性判断に適用される**米国の非特恵原産地規則**について**過去の米国裁判所・税関の判断事例**を紹介し、最後に⑤**米国のFTAと通商法第301条等の貿易救済措置のダブル適用**に関する分析を掲載しています。

　協定発効前から現在に至るまで、詳細かつ具体的な情報提供が行われた輸入分野に比較し、自国制度の紹介だけでは完結しない輸出分野では未知の部分が多すぎて、商社、メーカー、物流・通関各社の対米貿易を担当されている方にとっては、関係各方面に情報提供したくても躊躇せざるをえない状況であったと思います。したがって、本書は、**対米貿易における輸出と輸入との現時点での情報インバランスを改善すべく輸出面の情報を充実させ、貿易手続きのプロの方々の簡易手引書**としてお使いいただけるように書かれています。

　一方、原産地規則に初めて接する方、貿易実務に従事していても日頃原産地規則の実務には携わっていない方、貿易関連の会社に就職すべく準備のため勉強しようとされている方にも理解していただけるように、各章の末尾に『Tea Break』として原産地規則の基礎知識を書き下ろしています。特に原産地規則に初めて接する方は、まずこの部分を先にお読みになってから、ご関心の分野の章に進んでいただけるとよいと思います。以下に、各章の概要を簡単にまとめます。

　第1章では、物品貿易分野に限定して早期実施するために驚異的な速さで

締結された協定であるが故のさまざまな事象を分析し、世界的にもあまり類のない締約国間で非対称となっている原産地規則の全体像を明らかにします。したがって、これまでの経済連携協定（EPA）原産地規則の構造に慣れている方々に対しての注意喚起となります。また、原産地規則と対になっている関税譲許の部分の概要について、骨子だけを説明します。

　第2章、第3章では、産品の原産性判断に関する規則について解説します。第2章では我が国への輸入に際して適用される日本国規則を、第3章では米国への輸出に際して適用される米国規則を、米国税関に直接照会した内容を含め、それぞれについて協定条文を逐条的に解釈し、適用上の留意点を事業者と税関当局からの視点を交えて説明します。

　第4章、第5章では、原産地手続きに関する規則を説明します。第4章ではTPP11、日EU・EPAで採用された自己申告制度とは異なる、輸入者のみによる自己申告制度の導入について、日本国においてどのように特恵輸入申告が行われ、通関されるかについての概要を説明します。また、輸入者のみに立証義務を負わせる事後確認の持つインパクトとして、特恵否認を招かないために、これまで以上に輸出者・生産者との緊密かつ頻繁な意思疎通が重要となっていく状況について、貿易事業者に対して対応策の確立に向けた体制整備について注意喚起をします。さらに、日米貿易協定の発効に先立つ2019年12月に日本国税関当局が公表した特恵輸入申告に係る書類要件について、ほぼ引用する形で掲載しています。

　第5章では米国がこれまでに締結したすべてのFTA原産地手続を検証し、輸入者自己申告規定の分析を加えるとともに、公開資料から米国における通関手続きの概要と日米貿易協定税率を適用するために必要な手続要件を解説します。したがって、**第2章から第5章までの4章が本書の中核**を構成するといえますが、それぞれについて相当に詳細な説明を行っておりますので、**米国への輸出**にご関心の方は**第3章と第5章**を、**米国からの輸入**にご関心の方は**第2章と第4章**をまずお読みいただき、ご関心の薄い部分は時間に余裕がある時にお読みになってください。

　第6章では、産品の生産に使用された材料の原産資格を判断するためとして、唐突に日米貿易協定に登場してきた米国の非特恵原産地規則について、

その確立の経緯を簡潔にまとめ、最近の米国税関・国境警備局（US Customs and Border Protection：US CBP、以下「米国税関」という）による「実質的変更」に関する判断事例等の紹介を行います。

　第7章では、米国通商法第301条による対中国追加関税に係る措置と日米貿易協定の下での対米特恵輸出とのダブル適用の可能性についての簡単な分析とNAFTA事例でのダブル適用に関する米国税関の事前教示事例を取り上げます。したがって、**第6章と第7章は、米国への輸出**に関心のある方への情報提供となります。

　本書をお読みいただくに当たって一言申し添えますと、2019年8月末に松本敬先生と共著で上梓した『メガEPA原産地規則―自己申告に備えて―』（日本関税協会刊）は、これまで明確な解説が得られなかった原産地規則の諸問題に対して正面から取り組み、WTO非特恵原産地規則調和作業及びEPAの原産地規則交渉、税関における原産地規則・手続きの執行を通じて得た知見、及び関税分類実務の当事者として得た知見を共有しています。特に、同書の『理論編』に書かれている内容については本書ではほとんど触れておりませんので、本書を補完する形で一緒にお読みいただけますと、原産地規則への理解がいっそう深まるものと思います。

　また、本書における原産地規則等の解釈、米国の法令、規則、判例等の翻訳については、あくまでも筆者が個人的に表明する見解と仮訳であって、筆者が所属する組織及び出版元である日本関税協会の意見を代表するものではありません。さらに、当然のこととして、日米両国の税関当局は本協定及び関連国内法規の執行について本書の内容に拘束されるものではないので、念のため申し添えます。

　最後になりますが、本書の執筆にあたって、日本関税協会編集グループの鎌田部長には通常の編集作業に加えて、筆者が他の資料から引用した図表等を本書のサイズに合わせて自ら再作成していただくなど、コロナ禍ですべてが不自由な中で大変なお骨折りをいただきました。ここに改めて感謝の意を表したいと思います。

2020年7月

今川　博

第1章
日米貿易協定の全体像

1．日米貿易協定の発効

　日米貿易協定は、2020年１月１日に発効しました。**図表１−１**で示される
とおり、日米両国で世界のGDPの約３割（25.5兆ドル）を占め（人口約4.5億
人）、これまでに締結したメガEPAであるTPP11[1]、日EU・EPA[2]に日米貿易
協定を加えると、これらの構成国のGDPは、世界のGDPの約59％（50.3兆ド
ル）となります（人口約13.4億人）。構成国のGDPで比較すれば、世界最大規
模であった日EU・EPA（英国を含む）を凌駕し、中国とインドを含むRCEP[3]
をも上回る規模となります。そのような構成国の経済規模という意味で、日
米貿易協定がメガ協定であることに疑問を抱く方はいないでしょう。

　本協定は、実質的な交渉期間が2019年４月から９月までの５カ月間と極め
て短かったこともあり、我が国がこれまでに締結してきたEPAに比較して、
非常にコンパクトにまとめ上げられています。

　今般の日米貿易協定締結の意義を考えると、日本国の通商外交戦略として
米国のTPPへの復帰を求めることを第一義的に追求すべきとの立場からは、
日米単独でのTPP並みのフルパッケージEPAはそもそも不要です。一方、現
時点での米国の通商政策の現実を直視した場合、米国から関税譲許を引き出
した内容に見合った分しか日本側の関税譲許を行わず、加えて米国からの保
護主義的な措置を上手くかわしたことは、将来の交渉においてMFN[4]有税品
目のうち撤廃・引下げに応じる「駒」を多数温存したことを意味し、バランス
がとれているという政府説明には理があります。将来の交渉内容を予想させ

図表1-1：メガEPAと日米貿易協定の構成国GDP比較

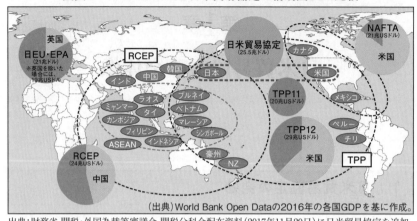

（出典）World Bank Open Dataの2016年の各国GDPを基に作成。

出典：財務省 関税・外国為替等審議会 関税分科会配布資料（2017年11月29日）に日米貿易協定を追加

る日本国の「農産品の特恵的な待遇」、米国の「自動車・同部品の関税撤廃に
係る将来の交渉」の文言をとってみても、我が国では「農産品の特恵的な待
遇」としてセンシティブ品目の明記、関税撤廃のような自由化を予断する文
言を回避させていますが、米国では現時点で最も守りたい自動車・同部品を
特掲して「関税撤廃」を書き込んでいるので、マーケットアクセス交渉に関す
る限り、USMCAという悲惨な前例を踏襲することなく、米国を相手に互角
か、それ以上の交渉を行ったものと理解しても誤りではないと思います。

2．日米貿易協定のマーケットアクセス概要

　日米貿易協定のマーケットアクセス部分について、内閣官房、外務省、財
務省、農林水産省及び経済産業省が公開している資料から抜粋して以下に概
要を掲載します。

（1）日本側のマーケットアクセス

　日本国における日米貿易協定税率の適用は、第1回目が協定発効の2020年
1月1日、第2回目が同年4月1日、第3回目以降は毎年4月1日となりま

す。具体的な関税撤廃・引下げの内容は、以下のとおりです。

＜農林水産品＞

* 日本側の関税：TPPの範囲内
* 米粒（籾、玄米、精米、砕米）のほか、調製品を含めたコメ関係はすべて除外
* TPPにおいてTPPワイドの関税割当枠数量が設定されている33品目（脱脂粉乳・バター等）について、新たな米国枠は設けない。
* 上記以外にも、輸入実績がない品目のほか、全ての林産品・水産品など幅広い品目について、譲許せず。
* それ以外の譲許品目は、TPPと同内容。発効時から、TPP11締約国と同じ税率を適用。（**図表１－２**参照）
* 農産品について、米国との将来の再協議規定あり。
  - **牛肉**：関税削減はTPPと同内容。
    ・ セーフガード発動基準数量は、2020年度24万２千トン（米国の2018年度実績25万５千トン を下回る）、以後、TPPの発動基準数量と同

図表１－２：日本側の関税率引き下げの例

協定発効時から、米国にTPP11締約国に対するものと同じ税率を適用。
【関税引下げの例】基準税率12%、5年目に関税撤廃の場合

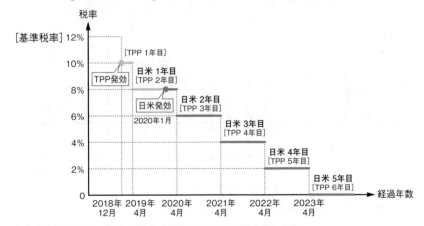

出典：「日米貿易協定の概要」財務省・税関（2019年12月10日）を基に作成。

様に増加。（2033年度で29万3千トン）（**図表1-3**参照）

- ・ 2023年度以降については、TPP11協定が修正されていれば、米国と
TPP11締約国からの輸入を合計して、TPP全体の発動基準数量を適
用する方式に移行する方向で協議することに日米間で合意。（**図表1
-3**参照）
- **豚肉・小麦・乳製品**：関税削減はTPPと同内容。
  - ・ 脱脂粉乳・バターはTPPワイドの関税割当品目のため、米国枠を設
けず。なお、脱脂粉乳については、既存のWTO枠内に、高いたん
ぱく質含有率を有するものに関する枠を5千トン（生乳換算）設定す
る予定。
- **砂糖関係**：粗糖・精製糖のほか、砂糖と競合する加糖調製品や砂糖菓
子（チョコレート菓子等）は譲許せず。
- **酒類**：ワインについての関税撤廃は、TPPと同内容。他の酒類（清酒、
焼酎等）は譲許せず

図表1-3：牛肉に対するセーフガード発動基準量

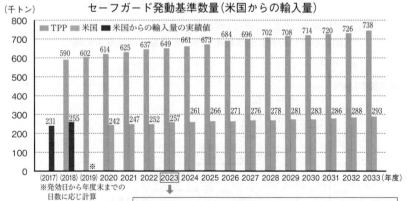

出典：内閣官房資料「日米貿易協定、日米デジタル貿易協定の概要」

＜工業品＞

＊　有税工業品は譲許せず

◎　**日本国のステージング表**（財務省ウェブサイト）
　〔https://www.customs.go.jp/kyotsu/kokusai/gaiyou/staging/us.pdf〕

◎　**日本国の日米貿易協定関税割当品目一覧**（財務省ウェブサイト）
　〔https://www.customs.go.jp/kyotsu/kokusai/seido_tetsuduki/wariate/us.pdf〕

◎　**税率逆転一覧表：日米貿易協定税率がMFN税率より高い品目**（2020年1月現在：輸入統計細分1211.90-999の一部のみ）（財務省ウェブサイト）
　〔https://www.customs.go.jp/kyotsu/kokusai/seido_tetsuduki/gyakuten/us.pdf〕

(2) 米国側のマーケットアクセス

　米国における日米貿易協定税率の適用は、第1回目が2020年1月1日、第2回目も2021年1月1日、第3回目以降についても毎年1月1日に引下げが行われます。具体的な関税撤廃・引下げの内容は、以下のとおりです。

＜農林水産品＞

＊　米国向けの牛肉について、現行の日本枠200トンと複数国枠を合体。
　「複数国枠」65,005トンへのアクセスを確保。

＊　日本からの輸出関心が高い米国農産品42品目の関税撤廃・削減。
　（醤油、ながいも、柿、メロン、切り花、盆栽等）

＊　米国への日本産酒類の輸出を促進するため、以下の非関税措置を約束。

-　日本の伝統的な四合瓶（720ml）、一升瓶（1.8L）等での輸出を可能とするため、ワイン、蒸留酒の容量規制の改正に向けた手続を進める。

-　米国での日本産酒類の10表示[注]の保護に向けた検討手続を進める。
　（注）国税庁長官が指定した地理的表示：ぶどう酒（山梨、北海道）、蒸留酒（壱岐、球磨、琉球、薩摩）、清酒（日本酒、白山、山形、灘五郷）

-　米国での酒類の販売に必要なラベルの承認のための手続の簡素化。

- 米国市場における日本の焼酎の取扱いについてレビュー。
◎ **日米貿易交渉における米国側の農林水産品に関する合意内容**（農林水産省ウェブサイト）

〔https://www.maff.go.jp/j/kokusai/tag/attach/pdf/index-21.pdf〕

＜工業品＞

* 自動車・自動車部品
- 米国附属書に「関税の撤廃に関して更に交渉」と明記。
  ・ 具体的な関税撤廃期間や原産地規則は本協定で規定せず。
  ・ 《通商拡大法232条》の扱いについては、「両国は、両協定の誠実な履行がなされている間、両協定及び本共同声明の精神に反する行動を取らない」旨を日米首脳共同声明で確認。
  ・ 数量制限、輸出自主規制等の措置を課すことはない旨は閣僚間で確認。
* その他の工業品
- 日本企業の輸出関心が高く貿易量も多い以下の品目を中心に、即時撤廃を含む、早期の関税撤廃、削減を実現。
  a．我が国の高い「ものづくり」の力を体現する高性能な工作機械・同部品等
  （例）
  ・ マシニングセンタ（現行税率：4.2％）：2年目撤廃
  ・ 工具（現行税率：2.9％〜5.7％）：即時撤廃／2年目撤廃／即時半減
  ・ 旋盤（現行税率：4.2％〜4.4％）：2年目撤廃
  ・ 鍛造機（現行税率：4.4％）：2年目撤廃
  ・ ゴム・プラスチック加工機械（現行税率：3.1％）：2年目撤廃
  ・ 鉄製のねじ、ボルト等（現行税率：2.8％〜8.6％）：即時撤廃／2年目撤廃／即時半減／2年目半減
  b．日本企業による米国現地事業が必要とする関連資機材
  （例）

- エアコン部品（現行税率：1.4％）：即時撤廃
- 鉄道部品（現行税率：2.6％～3.1％）：即時撤廃／2年目撤廃
- 炭素繊維製造用の調整剤（現行税率：6％～6.5％）：即時半減／2年目半減
- 蒸気タービン（現行税率：5％～6.7％）：2年目撤廃／2年目半減

c．今後市場規模が大きく伸びることが期待される先端技術の品目（例）

- 3Dプリンタを含むレーザー成形機（現行税率 3.5％）：2年目撤廃
- 燃料電池（現行税率 2.7％）：即時撤廃

d．地域経済を支え、米国消費者のニーズが高い品目（例）

- 楽器（現行税率 2.6％～5.4％）：即時撤廃／2　年目撤廃／即時半減
- 眼鏡・サングラス（現行税率 2％～2.5％）：即時撤廃
- 自転車・同部品（現行税率 3％～11％）：即時撤廃／2年目撤廃／即時半減／2年目半減

◎ **日米貿易協定における米国側の工業品に関する合意の詳細**（経済産業省ウェブサイト）

〔https://www.meti.go.jp/press/2019/09/20190926006/20190926006-2.pdf〕

3．日米貿易協定の条文構成

　日米貿易協定は、**図表1－4**のとおり、協定本文、附属書Ⅰ（日本国の関税及び関税に関連する規定）及び附属書Ⅱ（米国の関税及び関税に関連する規定）から構成されます。

　協定本文は極めて短く、全体で11条しかありません。そのうち、原産地規則に直接関連がある規定は、次に引用する第1条（d）「原産」、第5条1、第

7条及び第11条です。

図表1－4：日米貿易協定の構成

日米貿易協定

協定本文：第1条〜第11条（和・英）

附属書Ⅰ：日本国の関税及び関税に関連する規定（和・英）
　第A節　一般規定
　第B説　日本国の関税に係る約束
　　第1款　一般的注釈
　　第2款　関税の撤廃又は削減
　　第3款　関税割当て
　　第4款　農産品セーフガード措置
　　第5款　日本国の表
　第C説　日本国の原産地規則及び原産地手続
　　第1款　一般規則及び手続
　　第2款　品目別原産地規則の解釈のための一般的注釈
　　第3款　品目別原産地規則

附属書Ⅱ：米国の関税及び関税に関連する規定（英語のみ）
　　　　米国の一般的注釈
　　　　米国の関税率表
　　　　米国の原産地規則及び原産地手続
　　　　品目別原産地規則

第1条(d)：「原産」とは、日本国においては附属書Ⅰの規定に従って原産品とされることをいい、アメリカ合衆国においては附属書Ⅱの規定に従って原産品とされることをいう。

第5条1：各締約国は、この協定に別段の定めがある場合を除くほか、世界貿易機関設立協定に基づく自国の現行の約束に加え、附属書Ⅰ又は附属書Ⅱの規定に従って、市場アクセスを改善する。

第7条：この協定の附属書は、この協定の不可分の一部を成す。

第11条：この協定は、日本語及び英語をひとしく正文とする。ただし、附属書Ⅱは、英語のみを正文とする。

（1）非対称な原産地規則

　第１条は定義規定であり、（d）は原産品の定義を定めています。第２章及び第３章でも詳しく述べますが、日米貿易協定は「地域原産」の概念を採用しており、日米両国の領域を一単位として原産性判断を行います。ところが、協定本文の第１条において「原産品」とは日本国においては附属書Ⅰ第Ｃ節の「日本国の原産地規則及び同手続」の規定を満たすものをいい、米国においては同附属書Ⅱの「米国の原産地規則及び同手続」の規定を満たすものをいいま

図表１－５：非対称な原産地規則規定（◎は全く同じ。○は細部で相違）

原産地規則規定	米国	日本国
原産品　第１基準、第２基準	◎	
原産品　第３基準 （非原産材料を使用した場合）	関税分類変更基準を満たしたもの	・「一又は二以上の生産者により」を追加 ・品目別規則（関税分類変更、使用材料制限等）を満たしたもの。
完全生産品定義（６項目のみ）	○ 日本国定義には第３類（魚）を含まない	
デミニミス規定 （価額ベースで10％）	○ 適用例外は日本国規則の方が多い	
代替性のある産品・材料	◎	
附属品・工具等	◎	
小売用包装材料・容器	◎	
輸送用こん包材料・容器	◎	
間接材料（原産材料とする）	◎	
セット規定	有	無
積送基準	◎	
輸入者自己申告	○ 日本国は原産品申告。米国は輸入者の知識	
品目別規則 ・使用される基準 ・使用した材料の原産性判断	関税分類変更基準（ネガティブ規定、特定材料の使用制限規定等を含む） 米国非特恵規則	関税分類変更基準をベースとし、加工工程基準、特定材料の使用制限規定等 品目別規則
事後確認（対輸入者のみ）	◎	
輸出者・生産者が相手国税関に直接資料提供	◎	

す（「ハイブリッド型」の原産性決定方式）。

　この規定振りから、**日米貿易協定の原産地規則が締約国別に定められ、原産資格を定める要件が異なる「非対称型」の規則**であることが分かります（**図表1−5**参照）。通常はEPA原産地規則は一本化され、締約相手国が先進国であるか開発途上国であるかにかかわらず、同じ条件で原産性判断を行うことが要求されるので、日米貿易協定のように非対称となった原産地規則は、極めて稀なものといえます[5]。

　我が国のEPA交渉に係る過去の事例で、協定の実質合意から署名、さらに国内法の整備、協定の国会承認を経た発効まで、直近の例を見ても、9カ月（日豪EPA）、1年半（日EU・EPA）、2年（日モンゴルEPA）の日時を要しています。これに対し日米貿易協定は、2019年9月26日の日米首脳による合意から翌年1月1日の発効まで、わずか3カ月で一挙に行政・立法プロセスを終えたという事実は、実に驚異的な速さであったことを物語っています。したがって、協定の構成が極めて簡素である理由もやむにやまれぬ事情からであったことが察せられます。

　具体的な省力化の手段として、既存の協定の定型であった関税撤廃又は削減の約束をした品目を列挙した**譲許表**にMFN無税品目を即時撤廃として掲載するという前例に従わず、両国の税表（「日本国の表」と「米国の関税率表」）にMFN有税品のうちMFN税率の撤廃・引下げを行う品目のみを掲載しています。税表の省力化に呼応した形で、**品目別原産地規則**も、税表に掲載された関税率が撤廃又は引き下げられる品目のみ（米国品目別規則）又は関税率が撤廃又は引き下げられる品目に加えて原産性判断に必要な最低限の範囲（日本国品目別規則）に対して設定されています。当然のこととして、日本国と米国では対象品目が異なるので、設定される品目別規則の範囲も日米で対称形にはなりません。

　したがって、**原産資格を決定するために原産地規則を適用する場合**、第1条（d）で規定されているとおり、**日本国における原産品は附属書Ⅰによって決定され、米国の原産品は附属書Ⅱによって決定されます**。日米両国は「附属書Ⅰ又は附属書Ⅱの規定に従って、市場アクセスを改善する」（協定第5条1）必要があり、各締約国が自国の原産地規則及び同手続を満たした（相手国

で生産された)原産品に対して関税の撤廃又は削減を行います。

我が国への輸入の場合、例えば附属書Ⅰ第Ｂ節第２款２（a）においては、

> 実施区分の欄に「EIF」を掲げる品目に該当する原産品の関税については、完全に撤廃し、当該原産品はこの協定が効力を生じる日から無税とする。

となっているように、米国で生産された産品が附属書Ⅰ第５款の日本国の(譲許)表の掲載品目に合致し、第１条（d）の規定に従って同第Ｃ節の日本国の原産地規則を適用した結果、原産品となった場合に我が国において日米特恵税率が適用されます（**図表１－６**参照）。

（参考）

　国原産の概念を採用したEPAの原産地規則では、相手国で生産された産品は「締約国（相手国）の原産品」として取り扱われ、一本化された原産地規則の下で「自国に輸入された締約国（相手国）原産品に対してEPA税率を適用」していました。一方、日米貿易協定では、地域原産の概念を採用しながらも、適用される原産地規則がそれぞれ異なることに留意してください（例えば、日タイEPAであれば、我が国に輸入される「タイ国原産品」ですが、日米貿易協定では我が国に輸入される「日本国規則上の（米国の）原産品」となります。）。

図表１－６：米国で生産された産品の原産性判断

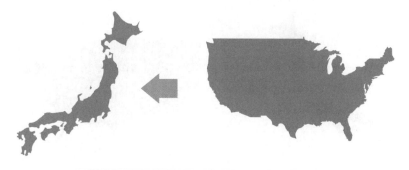

米国で生産された産品の日本国規則上の原産性を判断

　米国への輸出であれば、日本国で生産された産品が附属書Ⅱの米国の譲許表に掲載され、米国原産地規則及び同手続を満たした原産品となった場合に米国において特恵税率を享受できます（**図表1－7**参照）。

　第7条は、附属書Ⅰ及びⅡに定められる両締約国の原産地規則及び原産地手続を含む関税関連諸規定が協定本体と一体不可分であることを規定しており、附属書であるために協定本文との関係で特段の差異は生じないことを意味します。

　今後の交渉次第では、米国の直近の貿易協定であるUSMCAにおいてもNAFTA以来のHS第1類から第97類までの全品目を対象とした品目別規則を策定していることから、これまでの米国流スタンダードとなっている全品目方式に戻ることになるのかもしれません。そうなった場合に、非対称性を解消した日米共通の一本化された規則となるか否かが焦点となりますが、現在のところ、既存の協定においても散見されるデミニミス規定の適用例外の範囲が両締約国（日米）で異なることを除けば、日本側と米国側の双方の品目別規則に記載されている品目（共通部分）については同じ規則が適用されるようになっています。交渉に当たった方々はそれを視野に入れていたようにも感じます。

　以上、原産地規則における構成を中心に述べてきましたが、内容面では、日本国の生産者・輸出者にとって必ずしも使い勝手のよい規則ばかりではあ

図表1－7：我が国で生産された産品の原産性判断

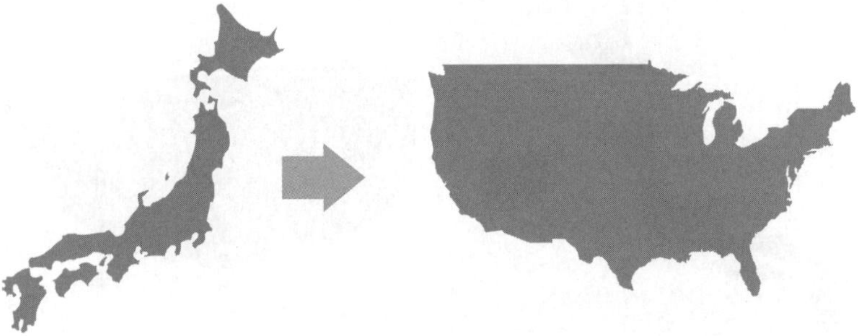

日本国で生産された産品の米国規則上の原産性を判断

りません。一つは、工業製品に対する**付加価値基準採用の見送り**であり、も
う一つは、**関税分類変更基準を満たさない材料を使用した場合の取扱い**です。

　前者は、アセアン諸国とのバイ（二国間）協定で採用されるCTSH（号変更）
ルールが一律に採用されるのであれば自己申告実施上の実質的な救済策と
なったのでしょうが、バリューチェーン展開下での非原産の専用部品からの
生産を実質的変更としないCTH（項変更）ルールが主流のルールでは我が国
の製造業が日米貿易協定を活用するための障害となる可能性があります。

　また、後者は、我が国のEPA利用者にとって初めての特異体験となります。
詳細は第3章に譲りますが、この規定の本質は、**基幹材料の原産品縛り規定**
です。通常の例では、関税分類変更基準で使用が許されない材料が産品の生
産に使用されれば、その産品は原産資格が得られず、原産性の審査は終了し
ます。したがって、非原産材料の使用が許されない重要な特定材料（基幹材
料）は、締約国内で前の工程に遡った段階から基幹材料に該当しない材料を使
用して当該基幹材料を国内生産した上で当該産品の生産に使用されれば、当
該産品は関税分類変更基準を満たし、EPA原産品となります。ところが、日
米貿易協定では、本規定の存在により、上記の通常の例よりも厳格な要件が
課されます。すなわち、**基幹材料が国内で前の工程から生産されただけでは
足りず、当該特定材料が米国国内法上の原産品でなければなりません。**この
場合に適用される米国国内法は、米国税関に照会したところ、米国連邦規則
第19巻第134.35条（製造により実質的に変更した製品）で、関税特許上訴裁判
所（現在の連邦巡回区控訴審）1940年判決（United States v. Gibson-Thomsen
Co.（以下「**ギブソン・トムセン判決**」という。））の原則に従うものになるとい
うことです。特定原産材料の使用義務要件は、他のEPA原産地規則でも採用
されているところですが、そのような場合でも、材料の原産性判断にはEPA
原産地規則が適用され、別の法令に基づいて原産性判断を行うことは極めて
異例です。しかも、米国の非特恵原産地規則は、米国税関の事前教示事例[6]を
克明に調べていけば輸出しようとする産品の類似事例を見つけることができ
るかもしれませんが、資料がすべて英語ということもあり、成文法令による
行政に慣れ親しんできた我が国の貿易関連事業者にとって大きな負担になる
であろうことは否めません。このような「変則ルール」は、残された品目に対

する今後の交渉において全品目に拡張された共通原産地規則に置き換わることが、予見可能性の確保の観点から強く望まれます。

(2) 利便性を欠く英文のみの附属書Ⅱ

　第11条は、協定本文と附属書Ⅰの日本国の関税関連諸規定は和英の正本があるのに対し、附属書Ⅱの米国の関税関連諸規定には英語の正本しか存在しないことを規定しています（**図表1−8**参照）。

　したがって、我が国から米国に輸出する際には、我が国の輸出者が英文の米国原産地規則を理解した上で産品の原産性判断を行わなければなりません。第4章と第5章で詳細に解説しますが、輸入者自己申告のみの制度では輸入者が母国語で規則を理解できることが絶対条件となるので、米国への輸入では英語、日本国への輸入では日本語で規則が策定されており、この絶対条件は満たしています。

　しかしながら、**図表1−9**のとおり、輸出者の立場に立ってみると、米国の輸出者が英語で日本国の規則を読むことができるのに対し、我が国の輸出者は日本語で米国の規則を読むことができず、英文の規則を理解することが強要されるのは非合理であるといわざるを得ません。

　さまざまな要因が重なってこのような構成になったと推測しますが、日本語での協定正文作成の重要性は改めて指摘するまでもありません。関税分類変更の有無の判断は、号内変更（8桁細分間での変更）を認めていないので、HSの類、項又は号の変更という慣れ親しんだ規定振りから、とりわけ困難な事態に直面することは想定されません。しかしながら、米国関税表の8桁細分の翻訳に当たっては、HS項・号に分類される物品の一部分を英文の記述に従って特定しなければならず、譲許品目であることの確認はその翻訳の正確

図表1−8：輸出入の際に適用する規則の言語

	米国側	日本側
輸出の際に適用	本　　文（和・**英**） 付属書Ⅰ（和・**英**）	本　　文（**和**・英） 付属書Ⅱ（　　**英**）
輸入の際に適用	本　　文（和・**英**） 付属書Ⅱ（　　**英**）	本　　文（**和**・英） 付属書Ⅰ（**和**・英）

図表１−９：我が国の輸出入時における原産地規則の適用

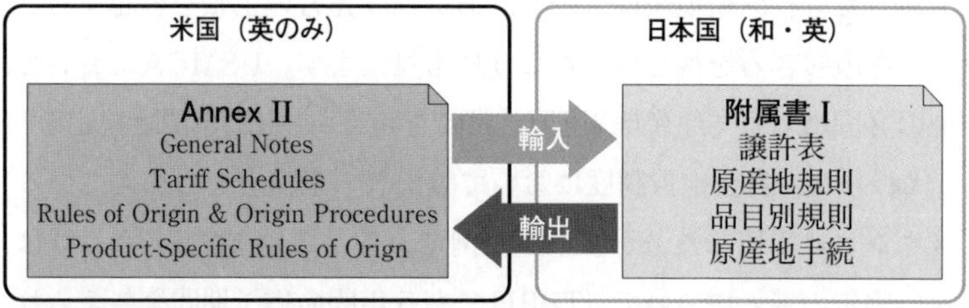

米国（英のみ）

Annex II
General Notes
Tariff Schedules
Rules of Origin & Origin Procedures
Product-Specific Rules of Orign

輸入

輸出

日本国（和・英）

附属書I
譲許表
原産地規則
品目別規則
原産地手続

協定本文第１条
(d)「原産」とは、日本国においては附属書Ⅰの規定に従って原産品とされること
をいい、アメリカ合衆国においては附属書Ⅱの規定に従って原産品とされる
ことをいう。

さに左右されます。

　こうした観点から、農産品・同加工品については、日米特恵対象品目の邦
文翻訳資料がウェブサイトで公開されており、譲許内容をも記載した一覧表
となっているので、農産品・同加工品の輸出者には必見の資料です。一方、
工業品については、譲許のステージングについてより詳細な内容が一覧表で
記載されている資料が公開されていますが、品目名が英文のままとなってい
ます。

◎　日米貿易交渉における米国側の農林水産品に関する合意内容
　　〔https://www.maff.go.jp/j/kokusai/tag/attach/pdf/index-21.pdf〕
◎　日米貿易協定における米国側の工業品に関する合意の詳細
　　〔https://www.meti.go.jp/press/2019/09/20190926006/20190926006-2.pdf〕

４．日米貿易協定原産地規則の総括

　筆者の個人的な経験に基づくものですが、国家間の貿易交渉において一方
が他方に圧倒的に有利になるような協定に他方が合意することは考えられ
ず、取りたいところを取ればその分の妥協が別の分野で求められます。今般

の日米貿易協定においては、マーケットアクセスの分野では我が国が互角か優勢であった分、原産地規則分野で、ある程度先方の主張を容認することでバランスを取らざるを得なかったようにも見えます。USMCAにおいて、米国が他の２国に対して原産地規則の「常識を超えた」自動車関連規定を「呑ませる」代わりに、自己申告制度において輸出者・生産者をも加えていることは、メキシコに妥協した分かりやすい例であると思います（メキシコは、輸入者自己申告の導入について、TPP11でも５年間の猶予期間を与えられています（第3.20条１（注２））。

　その観点を踏まえて原産地規則の内容を概観すれば、原産地規則の一般規定に関してはTPP11の規定とほぼ同一であることから、我が国への輸入の観点からは産品の原産性判断において特段の困難は想定されません。制度に慣れるまで若干の戸惑いがあるとすれば、今回初めて採用された輸入者自己申告のみの原産地手続の実施ということになりそうです。

　一方、米国への輸出の観点からは、（ⅰ）機械類等において付加価値基準が使用できないことに加え、（ⅱ）基幹材料の原産品縛り規定として、米国への輸出において関税分類変更基準を満たさない材料を国内生産した場合であっても、当該材料が米国非特恵規則上の原産品でなければ最終産品を原産品としないことの２点が困難要因となると思います。第２章から第５章にかけて、これらの点についてどのように対応すべきかも含めて詳細を述べます。

【第１章の要点整理】

＊　日本国は農産品（附属書Ⅰ第Ｂ節第１款５）、米国は自動車・同部品（附属書Ⅱ一般的注釈７）について、関心品目に係る将来の交渉を協定に明記。

＊　マーケットアクセスは、バランスのとれた合意内容。
　　日本側のマーケットアクセス（２回目以降の関税引下げは４月１日）
　　＜農林水産品＞　　日本側の関税：TPPの範囲内。

　　・　コメ（調製品含め）：完全除外。

　　・　林産品・水産品：譲許せず。

　　・　TPPワイド関税割当枠：新たな米国枠を設けず。

　　・　和牛輸出：65,005トンの複数国枠へのアクセス確保。

＜工業品＞　日本側の関税：有税工業品は譲許せず。

米国側のマーケットアクセス（２回目以降の関税引下げも１月１日）

＜農林水産品＞　日本の輸出関心が高い42品目：関税削減・撤廃。

・　酒類：容量規制等の米国非関税措置の改善。

＜工業品＞　米国側の関税：日本側関心品目を中心に関税削減・撤廃。

・　協定の誠実な履行中は追加関税を課さない旨，日米共同声明に明記，
　　首脳間で確認。

・　数量制限・輸出自主規制等の措置を課さない旨閣僚で確認。

＊　協定で使用される言語が、英語（全部）と日本語（一部）で範囲を異にする。
　　　　日本国の輸出者は、英語表記のみの米国関税率表及び米国原産地規則
　　　で対象産品及び原産資格を判断。

＊　原産地規則は、日米で二本立て、かつ、非対称。

-　品目別規則は、日米とも譲許品目を中心に設定した「虫食い状態」なが
　　ら、同一品目の品目別規則は日米共通。

-　我が国から米国への輸出においては「CTH」を満たせない組立の救済
　　としての付加価値基準が採用されていない。

-　「基幹材料の原産品縛り」規定として、米国規則の関税分類変更基準で
　　非原産材料の使用が認められない基幹材料を国内生産した場合、当該
　　基幹材料が米国非特恵原産地規則上の原産品でなければ当該産品を
　　原産品としない。

☕ TEA BREAK

品目別規則はなぜ全品目にルールを設けるのか？

　特恵税率適用の可否を判断するための原産地規則であるならば、特恵税率
の適用がありえない非譲許品目に対して原産地規則は不必要であるとの論理
構成が成り立ちます。一方、我が国のEPA原産地規則において、その大半が
MFN無税である鉱工業品に適用される品目別規則は、常にHS項・号のフルカ
バレッジでルールを定めています。素朴な疑問として、「なぜ必要なの」と問わ
れることがあります。

　筆者が知りうる限りでお答えすると、我が国のMFN税率が無税であったとしても相手国は有税であることが多いので、一元的な共通ルールを策定する以上、フルカバレッジで規定を置く必要がありました。ただし、我が国と相手国の双方でMFN無税となる品目もあるはずなので、この場合には答えに窮します。

　合理的な理由を申し上げると、例え非譲許品目であっても、MFN無税品目であっても、その品目が他の産品の材料として使用される場合があり得るので、原産性判断において使用された材料が原産か非原産かを決定するために全品目ルールが必要になります。

　筆者の友人でかつてNAFTA交渉に参加していたカナダの交渉官から聞いたところによれば、「EU流の原則と例外を峻別したルール記載は、2ヵ所をチェックしなければ必要な規則が判明しないため、北米の利用者には評判が悪く、全品目リストの方が行政サービスとして喜ばれる」ためであるそうです。

（注）

1　正式名称は、「環太平洋パートナーシップに関する包括的及び先進的な協定（Comprehensive and Progressive Agreement for Trans-Pacific Partnership：CPTPP）」。2016年2月に米国を含む12カ国によってTPP協定に署名されたものの、2017年1月に米国が離脱宣言をしたため、残る11カ国によってTPP11として微調整の上で合意し、2018年12月30日に我が国を含めた6カ国（メキシコ、日本、シンガポール、NZ、カナダ及び豪州）を締約国として発効しました。翌2019年1月14日、ベトナムについても効力が生じています（2020年7月1日現在で7カ国）。

2　正式名称は、「経済上の連携に関する日本国と欧州連合との間の協定（Agreement between the European Union and Japan for an Economic Partnership）」。2018年7月に署名され、2019年2月1日に発効しました。発効時点での欧州連合（EU）は28カ国で構成される関税同盟でしたが、2020年1月に英国がEUから離脱し、同年2月以降27カ国で構成されます。ただし、暫定措置として、英国と我が国との輸入入に関しては2020年12月末まで日EU・EPAが適用されます（暫定措置の延長については本書の執筆時点では行われない旨の報道がされています）。

3　RCEP（アールセップ）は，東アジア地域包括的経済連携（Regional Comprehensive

Economic Partnership）の略で、ASEAN10か国に加え、６か国（日本、中国、韓国、オーストラリア、ニュージーランド、インド）が交渉に参加しています。

4　1994年ガット第１条１において、「関税及び課徴金で、……輸入及び輸出に関連するすべての規則及び手続に関し、……いずれかの締約国が他国の原産の産品又は他国に仕向けられる産品に対して許与する利益、特典、特権又は免除は、他のすべての締約国の領域の原産の同種の産品又はそれらの領域に仕向けられる同種の産品に対して、即時かつ無条件に許与しなければならない。」と規定されていることから、WTO加盟国に対して一律に適用される（特恵税率を除く最も低い）関税率を最恵国（Most favoured Nation）税率と呼びます。

5　締約国間で異なる規定が適用される原産地規則の例としては、日EU・EPA原産地規則の付録３−B−１（特定の車両及び車両の部品に関する規定）の第１節において「供給者による宣誓」が「日本国における供給者」にのみ適用される規定となっています。ただし、我が国の鉱工業品は、大多数の品目において特恵税率を適用する以前に基本・WTO・暫定税率が無税であるのに対し、相手国の対応品目は多くが有税であることから、同じ品目であってもEPA原産地規則が我が国の輸出に対してのみ適用されるという、事実上の非対称規定はごく一般的に存在します。

6　米国税関（CBP：U. S. Customs and Border Protection）ウェブサイトのCROSS（Customs Rulings Online Search System）で事前教示事例の検索が可能です。〔https://rulings.cbp.gov/〕

第2章

日米貿易協定の日本国の原産地規則

1．日本国の原産地規則及び原産地手続の骨格

　図表1－2（日米貿易協定の構造）で示された各規定のタイトルにそれぞれ
の内容の骨格を肉付けしていくと、日米貿易協定における日本国の原産地規
則及び原産地手続は以下のとおりです。

第C節　日本国の原産地規則及び原産地手続

　第1款　一般規則及び手続

　　一般規則

　　1．定義

　　2．(a)　原産品

　　　　(b)　完全生産品定義

　　3．デミニミス規定（価額ベースで10％）

　　4．代替性のある産品又は材料

　　5．附属品、予備部品、工具及び解説資料

　　6．小売用の包装材料及び包装容器

　　7．間接材料

　　8．積送基準

　　原産地手続

　　9．輸入者による自己申告

　　10．輸入者に対する事後確認

第２款　品目別原産地規則の解釈のための一般的注釈

１．品目別規則（原則「類変更」）が設定されている品目（(a)～(p)）

２．関税分類変更基準の種類

３．関税分類変更基準の適用原則

４．生きている部分から栽培される農産品又は園芸品

５．「カカオ含有量」の定義

６．「菓子」の定義

第３款　品目別原産地規則

第２款１(a)から(p)の品目別規則が設定される品目中、「類変更（CC）」が適用されない例外品目及びその規則

（表：例外品目リスト及び適用される規則）

２．日本国の原産地規則の逐条解説

　第Ｃ節第１款は、メガEPAを含めた既存のEPAにおいては協定本文で規定されていた、いわゆる総則規定です。日米貿易協定においては、既存のEPAで原産地規則章に置かれる規定を「一般規則」、原産地手続章に置かれる規定を「原産地手続」として整理しています。一般規定は、TPP11の規定から必要な部分だけを切りとってそのまま採用されたもので、スタンダードな規定振りとなっています。

　一方、原産地手続は極めて簡素で原則のみを定め、詳細は各締約国の国内法に委ねる形をとっていますが、日米貿易協定の原産地手続ほど簡素な規定振りは他に例を見ず、相互の信頼がなければ存立しえない規定振りであるといえます。こうした骨組みのみを規定した原産地手続は、既存のEPA協定における位置付けにおいて、政省令に書くべき内容まで協定本文に取り込んだ日メキシコEPAの対極にある原産地手続といえます。詳細な条文を協定上に規定する必要性があるとすれば、協定という国家間の約束事で自らと相手を拘束することによって、相手国の国内法令による執行を協定整合的に行わせるということを担保することに加え、自国の国内法に新たな制度を創設する

際の根拠となることがあげられます。

　以下に、各規定を逐条的に解説していきます。

（1）定義

　日米貿易協定の日本国の定義は、《TPP11第3.1条》の定義をほぼそのまま採用しています。例外は、水生生物の飼養を意味する「**養殖**」の定義が含まれず、「生産」の定義で例示されている行為から養殖が削除されていることです。これは、今回の日本国の譲許品目に水産物が含まれないので、原産資格を決める必要がないためと考えます。

　また、**日本国**の定義においては、「**取引価額**」定義（k）と「**産品の価額**」定義（l）が、「現実に支払われた若しくは支払われるべき価格又は関税評価協定に従って決定されるその他の価額」、「産品の取引価額から当該産品の国際輸送に要する費用を除いたもの」とそれぞれ規定しているのに対し、**米国**では「**産品の価額**」に一本化し、「関税評価協定に従って決定される価額から、要すれば、当該産品の国際輸送に要する運賃、保険料等の費用を除いて調整したもの」と表現が異なります。「産品の価額」が必要になるのはデミニミス規定の適用と日本国品目別規則の数品目での特定材料使用制限に限られ、内容的には「FOB価額」としてもよかったのでしょうが、税関における課税価格として採用されるベースが、日本国がCIF（CIFに必要な調整を加えた価額）であるのに対し、米国はAppraised value（取引価額から輸入地までの運賃・保険料を差し引く等の調整をした価額〔FOBに必要な調整を加えた価額〕）であることを背景として、「関税評価協定」を引用しつつも、文言の微妙な調整を行ったと考えられます。

（2）（a）原産品

　本規定は、《TPP11第3.2条（原産品）》の規定を二国間協定の体裁に合わせて修文した規定です。例えば、TPP11では「各締約国は」と規定している部分を「日本国は」とし、「一又は二以上の締約国」を「一又は双方の締約国」としています。すなわち、TPP11と同様に日米両国の領域を一単位として原産性決定を行う地域原産の考え方を採用しているので、国原産の考え方に基づく原産

地規則で必要とされる相手国の原産品・生産行為を考慮できるという累積規定は不必要となり、確認規定としても置かれていません。

　TPP11の規定の明確化を図った修文は、非原産材料を使用した場合の原産性決定において、「一又は二以上の生産者により」という文言が追加された部分です。この文言の追加によって地域原産及び任意トレーシングを所与のものとするニュアンスが明確化されます。この規定の背景には、日ペルーEPAの累積規定における「一又は二以上の生産者により行われる異なる段階における生産を考慮する」旨の文言を、日豪EPAの原産品規定に取り込んだ経験を活かしているようです。以下に日米貿易協定の原産品規定を、TPP11のテキストを修文した部分のみを下線で記載する形で引用します。

　　日本国は、この節に別段の定めがある場合を除くほか、次のいずれかの産品であって、この節に規定する他の全ての関連する要件を満たすものを原産品とすることを定める。
　　（ⅰ）一又は双方の締約国の領域[7]において完全に得られ、又は生産される産品であって、(b)に定めるもの
　　（ⅱ）一又は双方の締約国の領域において原産材料のみから完全に生産される産品
　　（ⅲ）一又は双方の締約国の領域において一又は二以上の生産者により非原産材料を使用して完全に生産される産品であって、次款及び第3款に定める全ての関連する要件を満たすもの

　次章の米国の原産地規則でも触れますが、原産品の第3基準（産品の生産に非原産材料を使用した場合の原産性判断）において、米国規則では「関税分類変更基準を満たす」ことを要件としているのに対し、日本国規則においては、品目別規則で関税分類変更基準のみならず、日EU・EPAで散見される非原産材料の使用許容限度、加工工程基準等の要件が定められています。

（b）完全生産品定義

　完全生産品については日米で同じ定義が規定されているものの、これまで

我が国が採用してきた定義に比較すると、スタンダードな11定義から6定義へと半減しています。

　TPP11の完全生産品定義を基準とすると、**図表2－1**で明らかなように、TPP11と日EU・EPAが骨格をほぼ同じくするのに対し、日米貿易協定では第3類(魚等の水生生物)に関連する部分を落としています。また、第25類、第26類の鉱物性生産品は基本税率が無税で、第27類の石油関連の有税品目は一切譲許していないので、領域外の大陸棚、排他的経済水域で採掘された鉱物性資源を考慮に入れる必要もありませんでした。

　「**生産又は消費されたくず・廃品**」が含まれていないことについて、現時点で鉱工業品の特恵輸出ができない米国にとっては何ら考慮する必要もないのでしょうが、我が国の製造業において生産くずを再利用して機械部品を生産し、米国に輸出しようとする事業者にとっては「あってほしかった」定義なの

図表2－1：完全生産品定義の比較

(TPP11を基準とした場合、◎は全く同じ、○は細部で相違する部分がある。)

完全生産品定義	TPP11	日EU	日米
(a) 栽培、耕作、収穫、採取、採集される植物・植物性生産品	◎	◎	◎
(b) 生まれ、かつ、成育された生きている動物	◎	◎	○[1]
(c) 生きている動物から得られる産品	◎	○[2]	○[1]
屠畜された動物(生まれ、成育されたもの)から得られる産品	×	◎	×
(d) 狩猟、わなかけ、漁ろう、採集、捕獲により得られる動物	◎	◎	○[1]
(e) 養殖により得られる産品	◎	◎	×
(f) 抽出され、得られる鉱物その他の天然の物質	◎	◎	◎
(g) 領域の外側で船舶により得らえる魚介類	◎	○[3]	×
(h) 工船の船上で(g)の産品から得られる産品	◎	○[3]	×
(i) 領域の外側の権利を有する海底・その下から得られる産品	◎	◎	×
(j) 生産又は消費されたくず・廃品	◎	◎	×
(k) 上記の産品・派生物のみから生産される産品	◎	◎	◎

1. 日本国定義には動物から第3類(魚等)に該当するものが除かれている。
2. 締約国で成育された動物に限る。
3. 船舶の定義が異なる。

でしょう。もっとも、米国の品目別規則はすべて関税分類変更基準なので、同
定義がなくても容易に規則を満たすとの状況判断があったのかもしれません。

　将来、残された品目についての交渉が行われるとすれば、米国は我が国の
農産品に関心を示していることは附属書Ⅰ第Ｂ節第１款５において明らかに
されているので、今般欠落している定義が復活し、動物の定義に第３類を含
むようになることは容易に想定できます。

（3）デミニミス規定（価額ベースで10%）

　日本国に適用されるデミニミス規定（附属書Ⅰ第Ｃ節第３款３）は、TPP11
とほぼ同じ構造と文言ですが、日米貿易協定には付加価値基準と独立した繊
維章が存在しないことからそれらに言及した部分を除外した規定振りとなっ
ています。

　（a）は、本規定が「**関税分類変更基準を満たさない非原産材料**」を対象とす
ることを明示し、当該非原産材料が産品のFOB価額の10%を超えず、本協定
の原産地規則・同手続の他の全ての要件を満たすときは当該産品を原産品と
することができます。ただし、（c）に適用例外規定を置いています。

　（b）は、デミニミス規定の適用において「**非原産材料を他の産品の生産にお
いて使用している場合**」のみとすることを規定しています。

　図表２−２で具体的に説明すると、アスパラガスの缶詰は、アスパラガス
と調製用の材料で調製し、密封容器詰めしたものなので、アスパラガスの缶
詰を生産する材料として第0709.20号のアスパラガスを使用することは関税
分類変更基準を満たさないものの、アスパラガス缶詰のFOB価額の10%以下
であればアスパラガスの使用が認められることを示しています。

　それでは、米国の輸出者が同じ資本系列のメキシコ工場で生産されたアス
パラガス缶詰を米国に輸入し、輸出契約の100カートン中の10カートンをメ
キシコ産缶詰で代替した場合にデミニミス規定が適用できるでしょうか。筆
者の意見としては、これは**最終産品のすり替え**であって、デミニミス規定で
救済される「産品の生産に使用される材料のうちPSRで使用が禁じられる材
料」の範囲を超えるものであると理解します。

　これは、第2005.60号のアスパラガス缶詰の「生産」に第2005.60号のアスパ

図表2−2：デミニミス規定の「産品の生産において使用」の例

(例) アスパラガスの缶詰（第2005.60号）

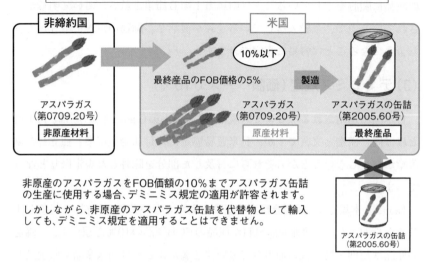

> 第2005.60号の品目別原産地規則：CC（第0709.20号の材料又は第0710.80号の
> アスパラガスからの変更を除く。）

非原産のアスパラガスをFOB価額の10％までアスパラガス缶詰
の生産に使用する場合、デミニミス規定の適用が許容されます。
しかしながら、非原産のアスパラガス缶詰を代替物として輸入
しても、デミニミス規定を適用することはできません。

出典：財務省説明会資料（2019年12月10日）に筆者が加筆。

ラガス缶詰を使用できるかという質問でもあります。前述のとおり、第C節
第1款1 (J) においては、「養殖」を含まないもののTPP11第3.1条（定義）と同
じ定義が置かれています。

> 「生産」とは、作業をいい、産品の栽培、耕作、成育、採掘、収穫、漁ろう、わ
> なかけ、狩猟、捕獲、収集、繁殖、抽出、採集、製造、加工又は組立てを含む。

　本定義で列挙された作業形態のうち、缶詰から缶詰を「生産」することが可
能であるとすれば、当該生産に係る行為は「収集」が該当するかもしれません。
「収集」として協定条文に規定があるのは、廃品又はくずとして収集される場
合で、類似の用語としては、動物であれば「採集」、植物でも「採取」又は「採
集」の用語が使用されています。したがって、廃品等の収集を完全生産品定義
に置いていないにもかかわらず「収集」を生産の例示として残しているので、
最終産品そのものの収集を生産として認める根拠となるかもしれません。

　しかしながら、協定条文の構成を精査してみると、「他の産品の生産におい
て非原産材料を使用している場合(when using a non-originating material in
the production of another good)」と規定されていることから、使用された非
原産材料は他の産品として「生まれ変わって」いること、又は別の産品として
認識されることが必要であるといえます。この場合、アスパラガスの缶詰を
例にとれば、商業上全く同一の産品とみなされるものが「他の産品」であると
強弁することは相当な無理があるように思います。同様な事例として、単体
としてすでに商業上全く同一の産品とみなされるもの(例えば、電気製品)に
ついては、非原産材料としてデミニミス規定の適用はできないものと考えます。

　この原則を生鮮・冷蔵のアスパラガス(第0709.20号)からアスパラガスの
缶詰(第2005.60号)の生産に適用すると、どうでしょうか。図表２－２では
第3.1条の定義で規定される「製造」の用語を使用した上で生産行為があった
ことを明確化し、しかも他の産品として認識されるべきことをHS号の変更を
もって明確化しているといえます。

　実務上の判断が難しくなるのは、(ⅰ)「生産」行為があることを協定上の定
義で例示される用語で説明しきれない場合、(ⅱ)「他の産品」への変更があっ
たことをHS項・号の変更によって示せない場合です。(ⅰ)の場合は、より汎
用的な意味を持つ「製造」、「加工」に該当すると説明できるのでしょうが、(ⅱ)
の場合に困難に直面します。例えば、液体の混合で、加工工程基準による原
産性付与行為として認められないものがこれに該当します。こうした事例に
対しては生産工程の全体を把握した上で、あくまでも個別の判断を行うこと
になりますが、筆者の意見は、単体としての産品のすり替え(端的にいえば、
小売包装された非原産の産品を原産品と置き換えること)を排除すべきこと
を原則として、材料の形状・特質と生産の結果として得られた製品の形状・
特質が「商業的に異なっている」と認識できれば(例えば、バルクワインの調
合による調整)、たとえ同一のHS項・号に分類されたとしても「他の産品」と
して認める余地を残してよいと考えます[8]。

　(c)デミニミス規定の適用例外は、より厳格な原産地規則の適用を求める
センシティブ品目に対して設定されます。日米貿易協定においては日本国規
則と米国規則で適用例外の範囲が異なり、日本国規則においては、**図表２－**

図表2−3：デミニミス規定が適用されない場合等（日本）

対象産品	デミニミス規定が適用されない非原産材料	使用を許容される材料
第04.01項、第0402.91号，第0402.99号、第04.03項、第04.04項、第04.05項、第0406.10号、第0406.20号、第0406.40号、第0406.90号の産品	・第04.01項〜第04.06項の産品 ・第1901.90号、第2106.90号の酪農調製品*	・デミニミス規定の適用によって原産材料となった粉乳（第0402.10号、第0402.21号、第0402.29号）及びプロセス・チーズ（第0406.30号）
A　第1901.10号の育児食用の調製品*	・第04.01項〜第04.06項の産品 ・第1901.90号の酪農調製品*	
B　第1901.20号の混合物及び練り生地（バター脂の含有量が乾燥状態において全重量の25％超。小売用でないもの）		
C　第1901.90号又は第2106.90号の酪農調製品*		
D　第21.05項の産品		
E　第2202.91号、第2202.99号の飲料（ミルクを含有するもの）		
F　第2309.90号の飼料*		
・第2009.11号〜第2009.39号の産品、 ・第2106.90号、第2202.91号、第2202.99号の果実又は野菜のジュース（ミネラル又はビタミンを加えたもの。濃縮の如何を問わず、2以上の果実又は野菜から得たものを除く。）	・第08.05項の産品 ・第2009.11号〜第2009.39号の産品	適用なし
第15.07項、第15.08項、第15.12項、第15.14項の産品	第15類の産品	
第20.08項の産品	第8類又は第20類の桃、梨、あんず	

＊乳固形分の含有量が乾燥状態において全重量の10％を超えるものに限る。

3に掲げられた品目に適用されるので留意してください。

（4）政策的に原産品又は原産材料として取り扱うことを許容する規定

代替性のある産品又は材料（第C節第1款4）

　この規定は、物品が産品として輸出入され、又は材料として他の産品の生産に使用される場合において、当該物品の本来の原産性の有無にかかわらず政策的に原産品又は原産材料として取り扱うことを定めています。EPAに限らず特恵原産地規則を適用する上で、原産材料と非原産材料が物理的に分離した形で保管されていることが望ましいことは経験則として誰もが納得するもの

と思います。そうすることで、非原産材料が使用された具体的な日時、期間、工程、使用された産品の製品番号等を容易に把握・管理することができます。

　しかしながら、例えば、加工食品の生産において継続的に使用する材料（穀物、果実、野菜等）又は機械の組立てにおける汎用部品等（ネジ、ボルト、ナット、塗料等）のサプライヤーが一定でない場合（例えば、入札価格によって月毎、四半期毎にサプライヤーが入れ替わり、原産材料と非原産材料とが物理的な保管スペースの関係で混在するような場合）、当該材料、部品の各個体に原産国等の表示を行うことが物理的・経済的に不可能・非常識であれば、これらの材料がいったん混在してしまえば産地の特定はもはや困難になります。

　このような事例は、加工工程のあらゆる段階で起こり得ます。簡単な例を挙げれば、加工工程の上流で穀物商社等が穀物サイロに国産と輸入品の穀物を到着順に投入口から注入している場合などがあります。一方、機械の組立工程の下流に位置する工場の生産ラインにおいても、特定材料は定位置に格納され、産業ロボットが自動的にその位置から産品への注入、噴霧等の作業に取り掛かることは今日見慣れた生産風景となっています。そのような設定がされている生産ラインを材料の素性を理由に配置を変えることはできません。

　そこで、日米貿易協定の日本国規則においてはTPP11と全く同じ「代替性のある産品又は材料」の定義及び運用規定が存在し、定義として、

> 商取引において相互に交換することが可能な産品又は材料であって、それらの特性が本質的に同一のものをいう

との文言が採用され、運用規定における適用条件として、

* 　一般的に認められている会計原則[9]に基づく在庫管理方式を使用し、
* 　選択された在庫管理方式が当該在庫管理方式を選択した者の会計年度を通じて使用される

ことが定められています。したがって、4対6の割合で原産・非原産の穀物が混在していることが帳簿上認められるのであれば、その時期に出荷した穀

物は、実際の原産・非原産の混合比率が 5 対 5 であっても、4 対 6 の比率で原産性を人為的に割り振ることになります。

（5）産品の原産性判断に当たって考慮しないもの

　このグループに属する規定は、原産性判断の 3 基準（完全生産品定義を含む）の適用に当たって考慮する必要がないことを定めています。

小売用の包装材料及び包装容器（第 C 節第 1 款 6（a））

　産品を小売用に包装するための包装材料及び包装容器は、当該産品の原産性判断に当たって考慮する必要はありません。唯一の条件は、当該材料又は容器が産品と同一分類されることです。したがって、米国産の冷凍牛肉がメキシコ製のプラスチック容器に収納されて輸入されたとしても、当該牛肉の完全生産品資格が失われることはありません。TPP11 では付加価値基準の適用に当たっては原産・非原産の区別を行う旨の規定があるので、将来的に自動車等に付加価値基準が導入される場合には本規定は改正される可能性があると考えられます。

輸送用のこん包材料及びこん包容器（第 C 節第 1 款 6（b））

　輸送用のこん包材料及びこん包容器は、第 C 節第 1 款（h）において、

> 他の産品を輸送中に保護するために使用される産品（小売用に包装された産品の包装材料及び包装容器を含まない。）をいう。

旨、定義されています。貨物のコンテナへのバン詰めに際して貨物保護のために木枠を組む又は強化ダンボールに収容するような場合、当該こん包用木材、強化ダンボールの原産性は産品の原産性判断に当たって無視してよいという意味です。

間接材料（第 C 節第 1 款 7）

　間接材料は、第 C 節第 1 款 1（d）の定義によれば、

* 産品の生産、試験若しくは検査において使用される材料のうち、当該産品に**物理的に組み込まれないもの**、及び

* 産品の生産に関連する建物の維持若しくは設備の稼働のために使用される材料

をいい、日米貿易協定においては、生産される場所のいかんを問わず、原産材料とみなします。また、TPP11においても、ほぼ同じ規定が採用されています。一方、欧州系の原産地規則においては「中立的な要素（neutral elements）」として「原産資格を決定する必要がない」ものとされています。両者の違いは、これらの材料を原産材料とするか、原産資格を決定する必要のない材料とするかにあります。原産材料とする理由は、品目別規則が非原産材料に対して適用されることに求められ、原産材料である限り原産性要件の具備において考慮しなくてもよいことになります[10]。

第Ｃ節第１款（d）では間接材料について、以下の具体例を挙げています（これらの例示は、日EU・EPAにおいてもほぼ同じ）。

i 燃料、エネルギー、触媒及び溶剤

ii 産品の試験又は検査に使用される設備、装置及び備品

iii 手袋、眼鏡、履物、衣類並びに安全のための設備及び備品

iv 工具、ダイス及び鋳型

v 設備及び建物の維持のために使用される予備部品及び材料

vi 生産において使用され、又は設備及び建物の稼働のために使用される潤滑剤、グリース、コンパウンド材その他の材料

vii 産品に組み込まれない他の材料であって、当該産品の生産における使用が当該生産の一部であると合理的に示すことができるもの

（6）完全生産品定義・関税分類変更基準の適用に当たって考慮しないもの

附属品、予備部品、工具及び解説資料

附属品、予備部品、工具及び解説資料は、完全生産品定義及び関税分類変

更基準の適用に当たって考慮しません（第C節第1款5）。また、附属品等は産品と同じ原産資格を有します。ただし、本規定が適用されるには、以下の条件を満たす必要があります。

　ⅰ　当該附属品、予備部品、工具及び解説資料その他の資料が、**産品に含まれるものとして分類**されること。

　ⅱ　当該産品と**共に納入**されており、並びにその**仕入書**が当該産品の仕入書と**別立てにされていない**こと。

　ⅲ　当該附属品、予備部品、工具及び解説資料その他の資料の種類、数量及び**価額**がⅰ及びⅱに規定する産品について**慣習的**なものであること。

　本規定の適用により、附属品、予備部品、工具及び解説資料については、当該附属品等がたとえ非原産であっても本体である産品とともに原産品として取り扱われます。例えば、品目別規則を満たすカリフォルニア産のワインにカナダで印刷された日本語と英語の説明書きが付されていても、ワインの原産性に変更はなく、当該説明書きもワインと一体で品目別規則を満たすものとして取り扱われます。

　一方、TPP11と日EU・EPAにおいては、本規定は加工工程基準であれば附属品等を考慮せず、付加価値基準においてはこれらを場合に応じて考慮する旨の規定振りとなっています。また、米国規則においては、完全生産品定義、関税分類変更基準に加えて特定工程要件をも対象としているので、米国の品目別規則についてはすべて附属品等を考慮しなくてもよいこととなりますが、日本国の品目別規則では、第0910.20号（サフラン）、第0910.30号（うこん）（破砕又は粉砕ルール）及び第2009.90号の混合ジュース（非原産材料に係る使用許容限度55％）の2品目について、本規定が適用されません。

　この点に関し、付加価値基準については附属品等の価額を原産・非原産としてカウントするか否かは場合に応じて行うことが通例ですが、混合ジュースを生産する場合に附属品等が材料として使用されることはあり得ないので、適用除外されていても何ら問題ありません。また、加工工程基準が適用除外されていても、そもそも主要材料へのピンポイント加工を求める要件に

あっては、附属品等が要件充足に影響することはあり得ません。

（7）積送基準

　本規定は、TPP11の第3.18条（通過及び積替え）とほぼ同じ条文構成となっています。したがって、日米貿易協定においてもメガEPAの最大の利点である自己申告制度と緩和された積送基準との併用による第三国長期蔵置、商機を捉えての当該第三国からの直接輸出が可能です。この規定は、他のメガEPA適用も視野に入れた輸出の場合に、より大きな効果が発揮されるものなので、次章で詳しく事例を紹介します。

　日米貿易協定の積送基準は、TPP11と同様に２つの原則を定めています。

第１原則：原産品が日米両国間を往復する場合、当該原産品が第三国の領域を通過することなく輸送されるのであれば、その原産資格が失われることはありません。両締約国の領域を原産性判断の一単位とする「地域原産」の考え方に基づく制度設計であるので、当然の帰結として域内の締約国間を移動する原産品は（税関手続きを要するとはいえ、我が国の北海道から東京への移動と同様に）原産資格を維持したままとなります。米国規則においてはこの第１原則が明文で規定されていませんが、地域原産の考え方における本原則が所与のものであるならば、日本国規則の本規定はその事実を確認しただけの確認規定として理解すべきと考えます。

　（参考）

　　これに対して、「国原産」を採用する原産地規則においては、相手国での生産を経て原産品となった産品が自国に輸入される場合には原産品の特恵輸入となりますが、相手国に輸出した自国の原産品が相手国で何ら生産行為を伴わず生産国に戻された場合には、相手国での生産の際に自国の原産品・生産行為を考慮できるとする累積規定の適用が困難となり、税関手続きにおいて免税措置の手当てが可能であったとしても、EPA原産地規則上、当該産品の原産資格が維持されるか否かについては疑問が生じるところです。

第2原則：原産品が第三国の領域を経由して輸送される場合であっても、次の要件を満たすときは、当該原産品が原産品としての資格を維持します。

　i　両締約国の領域外において当該原産品についていかなる作業も行われていないこと。ただし、**積卸し**、**ばら積み貨物からの分離**、**蔵置**、輸入締約国の要求に基づいて行われる**ラベル又は証票による表示**及び当該原産品を**良好な状態に保存**するため又は当該原産品を輸入締約国の領域へ輸送するために必要な他の作業を除きます。

　ii　当該原産品が第三国の領域において**税関当局の監督の下**に置かれていること。

　したがって、第三国で当該原産品を輸入通関し、内貨とした上で倉庫で保管した場合には本規定の適用はできません。また、第三国の税関当局の監督下で当該原産品を保管したとしても、当該原産品への加工はいっさい認められていないので、「当該原産品を良好な状態に保存するため」の行為を甘く解釈することは輸入国税関における当該産品の原産資格の否認を招く可能性があることに留意してください。

3．日本国の品目別規則の解釈のための一般的注釈

　日米貿易協定の日本国原産地規則における品目別規則は、第C節第2款1で定められる品目の原産性判断に必要な最低限の範囲（すなわち、我が国が譲許した品目及びその材料として使用されることが明白な品目）に限られ、「**類変更ルール**」の適用が原則となります。その例外として、同第3款の表に類変更（CC）ルール以外の品目別規則が適用される関税分類（1欄）及び品目別規則が定められています（**図表2−4**、**2−5**、**2−6**参照）。

　米国の品目別規則が米国の譲許品目と完全に突合するのに対して、日本国規則は譲許品目よりもやや広めの規則設定を行っています。例えば、第4類から第15類までの産品に一律に原則「CC（類変更ルール）」が適用されますが、

第04.01項のミルク及びクリームは譲許されていません。これは、譲許品目である第04.03項のヨーグルト、第04.06項のチーズ等の酪農品の原料にミルクが使用されるため、酪農品の原産品判断にミルクの原産性判断が欠かせないからです。

　また、一般的注釈には、品目別規則を適用する上で必要な情報として、略語で使用される「CC」、「CTH」及び「CTSH」について、それぞれ類変更、項変更及び号変更規則である旨の説明があります。さらに、品目別規則適用上の諸原則について、以下の確認規定を置いています。

i　　関税分類の変更の要件は、非原産材料についてのみ適用する。

ii　　特定材料からの変更を除外する場合、当該規則は、<u>除外された当該特定材料が原産材料であるべきこと</u>を要件としている。

iii　　２つ以上の選択的な要件が定められている場合、当該要件のいずれかを満たせばよい（「又は」で繋がる同格ルール）。

iv　　複数の要件を含む場合、当該複数の要件の全てを満たす必要がある。（日インド式の「及び」で繋がるダブル要件ルールであれば一見明白ですが、この規定の意味するところは、第３款の品目別規則の例外表の第２欄で注書きされている部分を指すと考えられます。したがって、本規定の適用に当たっては産品の**品目条件と原産資格の２つを考慮に入れる**必要があり、<u>品目条件としての構成成分要件が２以上設定されている場合</u>（例えば、第1901.20号における「バター脂の含有量が全重量の25％超」と「米粉の含有量が全重量の30％超」）は、当該品目条件をともに満たす産品であれば、設定されている原産資格をともに満たす必要があります。要件とされる成分が１つのみであれば（例えば、「バター脂の含有量が全重量の25％超」であるが、米粉を使用していない等）当該１要件を、要件とされる成分を全く含まないのであれば「その他の産品」に対する分類変更基準を満たすことが求められます」

v　　単一の品目別規則が一連の項又は号の産品について適用され、かつ、当該品目別規則が当該産品の項又は号の変更を定める場合には、当該変更は、他の項又は号（当該一連の項又は号の中の他の項又は号を含む）から生ずることがある（例えば、《第15.18項〜第15.22項》のグループに項変更ルールが適用される場

合、第15.18項の産品は第15.19項から第15.22項までの材料を含む第15.18項以外の項に属する材料からの変更が求められる）。

これらの他にも、品目別規則の解釈の明確化及び使用される文言の定義を定めています。

第C節第2款4では、第6類から第14類までの各類の規定の適用上、

第三国から輸入した種、りん茎、根茎、台木、挿穂、接ぎ穂、苗条、芽その他植物の生きている部分から締約国の領域において栽培される農産品又は園芸品は、原産品とする。

旨の解釈指針が出されました。輸入した種を播いたものが発芽し植物として

図表2-4：米国から日本国への輸入に適用される品目別規則（1）

トマトジュースの関税分類番号（HS）＝第2009.50号

	パイナップルジュース		
2009.41	ブリックス値が20以下のもの		
	2　その他のもの		
200941.290	（2）その他のもの	25.5%	B11
2009.50	トマトジュース		
200950.100	1　砂糖を加えたもの	29.8%	B6
200950.200	2　その他のもの	21.3%	B6
	ぶどうジュース（ぶどう搾汁を含む。）		
2009.61	ブリックス値が30以下のもの		
200961.200	2　その他のもの	19.1%	B6
2009.69	その他のもの		

日米協定においては、品目別原産地規則は第C節第2款パラ1（a）～（p）に掲げられている産品のみ規定されている。

第C節 第2款 パラ1
※「日本国の表」に掲げられていない品目も含まれていることに注意。

この款及び次款の規定は、次の類、項、号及び品目に分類される産品について適用する。

(a) 第1類から第2類までの各類　　　　　(i) 第22.09項
(b) 第3類から第15類までの各類　　　　(j) 第23類
(c) 第16.01項から第16.03項までの各項　(k) 第2905.43号から第2905.45号までの各号
(d) 第17類から第21類までの各類　　　　(l) 第33.01項
(e) 第22.02項　　　　　　　　　　　　　(m) 第35.01項から第35.02項までの各項
(f) 第22.04項　　　　　　　　　　　　　(n) 第35.04項から第35.05項までの各項
(g) 関税分類番号2206.00-100　　　　　　(o) 第3809.10号
(h) 関税分類番号2207.10-199　　　　　　(p) 第3823.11号から第3823.70号までの各号

出典：「日米貿易協定の概要」財務省・税関（2019年12月10日）

図表２－５：米国から日本国への輸入に適用される品目別規則(2)

第C節 第3款 品目別原産地規則 冒頭

> 前款1(a)から(p)までに分類される産品の各品目別原産地規則は、次の表に別段の定めがある場合を除き、CCとする。同表一欄に示す品目に該当する原産品については、同表二欄に定めるそれぞれの品目別原産地規則を適用する。

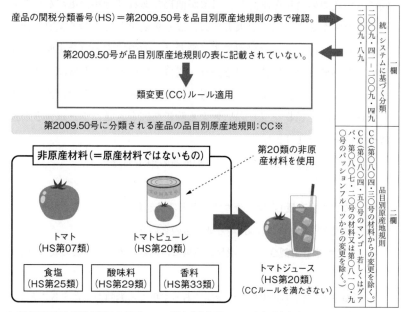

産品の関税分類番号(HS)＝第2009.50号を品目別原産地規則の表で確認。

第2009.50号が品目別原産地規則の表に記載されていない。

類変更(CC)ルール適用

第2009.50号に分類される産品の品目別原産地規則：CC※

非原産材料(＝原産材料ではないもの)

第20類の非原産材料を使用

トマト（HS第07類）　トマトピューレ（HS第20類）

食塩（HS第25類）　酸味料（HS第29類）　香料（HS第33類）

トマトジュース（HS第20類）（CCルールを満たさない）

一欄　統一システムに基づく分類	二欄　品目別原産地規則
二〇〇九・四一一—二〇〇九・四九	CC（第〇八〇四・二〇号の材料からの変更を除く。）
二〇〇九・五〇	CC（第〇八〇四・五〇号のマンゴー若しくはグアバ、第〇八〇七・二〇号の材料又は第〇八一〇・九〇号のパッションフルーツからの変更を除く。）
二〇〇九・八九	

※品目別原産地規則の記号の意味　CC：類(2桁)変更、CTH：項(4桁)変更、CTSH：号(6桁)変更

出典：「日米貿易協定の概要」財務省・税関(2019年12月10日)に加筆・調整

図表２－６：品目別規則が設定されているHS類一覧表

（水色は全品目、グレーは一部のみ設定）

1	2	3	4	5	6	7	8	9	10
11	12	13	14	15	16	17	18	19	20
21	22	23	24	25	26	27	28	29	30
31	32	33	34	35	36	37	38	39	40
41	42	43	44	45	46	47	48	49	50
51	52	53	54	55	56	57	58	59	60
61	62	63	64	65	66	67	68	69	70
71	72	73	74	75	76	77	78	79	80
81	82	83	84	85	86	87	88	89	90
91	92	93	94	95	96	97			

成育すれば完全生産品として理解することに違和感はありませんが、異国産の植物を移植して栽培する場合、接ぎ木等によって現存する植物に融合させ果実を得る場合に、（ⅰ）「締約国の領域において栽培される植物」として完全生産品として認めるか、（ⅱ）輸入された植物と輸入後に栽培された植物との間に分類変更の有無を確認し、対象が植物であれば分類変更がないため品目別規則を満たさず、対象が果実であれば分類変更があるので実質的変更があると考えることが理論上可能です。筆者は、他の協定の完全生産品の定義においても移植された植物が根を張り、成育していることが確認できた段階で完全生産品として認めてよいとの考え方を採りますが、今般、協定の解釈として移植された植物を「原産品」とする解釈を確定させたことは大きな意義を持つものと考えます。

　第C節第2款5及び6では、第18.06項の規定の適用上、

* 　**「カカオ含有量」**とは、カカオ豆由来の成分（チョコレートリカー又はココア粉（固形物）及びカカオ脂）から成るものをいう。
* 　**カカオ含有量割合**とは、産品の重量に占めるカカオ豆由来の成分の割合をいう。
* 　**「菓子」**とは、小売用にした産品であって更なる調製なく食することを主に目的とするものをいう。

との定義付けを行っています。

4．日本国の品目別規則

　日本国の品目別規則の特徴を挙げると、農産品及び農産加工品が適用対象であることから、関税分類変更基準（類変更ルール）が主要ルールとして採用されていることです。しかしながら、関税分類変更基準のみというわけではなく、種々の例外が規定されています。以下に例外となる品目別規定を例示し、解説します。

（1）加工工程基準のみの適用

＜対象品目＞

第0910.20号、第0910.30号、第0910.99号：サフラン、うこん、その他の香辛料

＜規則の内容＞

破砕・粉砕（類変更ルールが併設されている）

（2）非原産材料の使用許容限度（価額ベース）のみの適用

＜対象品目＞

第2009.90号：混合ジュース

＜規則の内容＞

非原産材料の価額が産品の**価額の55％**を超えない

（3）変則的な拡張累積の適用

＜対象品目＞

第1602.50号：その他の調製をし又は保存に適する処理をした肉、くず肉及び血で、牛のもの

＜規則の内容＞

類変更。ただし、第２類の非原産材料を使用する場合、**TPP11締約国の完全生産品**であること。

（4）完全生産品縛りの適用

＜対象品目＞

第1108.12号、第1108.13号：とうもろこしでん粉（コーンスターチ）、ばれいしょでん粉

＜規則の内容＞

類変更。ただし、**米国で収穫された材料から米国で生産**

(5) 関税分類変更＋特定材料の使用制限（重量ベース）の適用

＜対象品目＞

第1806.10号：ココア粉（砂糖その他の甘味料を加えたもので、砂糖の含有量が乾燥状態で産品の全重量の90％未満のもの）

＜規則の内容＞

項変更。ただし、第17.01項の非原産材料（粗糖等）の重量が産品の**重量の50％**を超えないこと。

(6) 関税分類変更＋特定材料の使用制限（価額ベース）の適用

＜対象品目＞

第2001.90号：野菜等の調製品（きゅうり及びガーキン以外の野菜調製品で2以上の野菜から得たもの並びに果実、ナットその他植物の食用の部分の調製品）

＜規則の内容＞

類変更。ただし、第0703.10号、第0709.60号、第0709.91号、第0709.92号及び第0711.20号の非原産材料並びに非原産材料である第0711.90号のアーティチョーク、たまねぎ及びピーマンの価額が産品の**価額の40％**を超えないこと。

(7) 複数の要件の充足

＜対象品目＞

第1901.20号：第19.05項のベーカリー製品製造用の混合物及び練り生地

＜規則の内容＞

品目の条件1：バター脂の含有量が乾燥状態において全重量の25％を超える産品であって、小売用でないものに限る。

原産性要件1：類変更（第04.01項から第04.06項までの各項の材料からの変更を除く）

品目の条件2：米粉の含有量が乾燥状態において全重量の30％を超える産品に限る。

原産性要件2：類変更。ただし、非原産材料である第1102.90号の米粉の価

額が産品の価額の30％を超えない

品目の条件３：その他

原産性要件３：類変更

〔２要件の充足が求められる場合〕

　　産品に①バター脂と②米粉を含み、バター脂の含有量が乾燥状態にお
　いて全重量の25％を超え（小売用でないもの）、米粉の含有量が乾燥状態
　において全重量の30％を超える産品

　原産性要件１及び２を満たす：類変更。ただし、第04.01項から第04.06
　　項までの各項の材料からの変更を除き、かつ、非原産材料である第
　　1102.90号の米粉の価額が産品の価額の30％を超えない

〔１要件の充足が求められる場合〕

＊　産品にバター脂及び米粉を含むが、品目条件１及び品目条件２のど
　　ちらにも該当しない場合、原産性要件３を充足。

＊　産品にバター脂を含むが米粉を含まない場合、品目条件１に該当す
　　れば原産性要件１を充足。品目条件１に該当しなければ原産性要件３
　　を充足。

＊　産品に米粉を含むがバター脂を含まない場合、品目条件２に該当す
　　れば原産性要件２を充足。品目条件２に該当しなければ原産性要件３
　　を充足。

＊　産品にバター脂も米粉も含まない等、品目条件１及び２のどちらに
　　も該当しない場合、原産性要件３を充足。

　前述のとおり、日本国の品目別規則は、類変更ルールが一律に適用される
品目リスト（第Ｃ節第２款１（a）から（p））と例外となるその他のルールが適
用される品目表（第Ｃ節第３款）が２ヵ所に分かれて記載されているので、読
者による参照の便宜を図るため、文章を簡略化しつつ一覧で把握できる「統
合表」を作成し、以下に掲載します（**図表２－７**）。

図表2−7：日本国の品目別規則統合表

HS分類番号	品目別規則
(a)第1類〜第2類	類変更
(b)第4類〜第15類	類変更。ただし、以下を除く。
第04.01項〜第04.04項	類変更(第1901.90号の酪農調整品*からの変更を除く。)
第04.05項	類変更(第1901.90号の酪農調整品*又は第2106.90号の酪農調製品*からの変更を除く。)
第04.06項	類変更(第1901.90号の酪農調整品*からの変更を除く。)
第0801.32号	号変更
第0901.21号〜22号	号変更
第0902.30号	号変更
第0904.21号(唐辛子)	類変更(第0709.60号の材料からの変更を除く。)
同(その他の産品)	類変更
第0904.22号(唐辛子)	類変更(第0709.60号の材料からの変更を除く。)
同(その他の産品)	号変更
第0905.20号	号変更
第0906.20号	号変更
第0907.20号	号変更
第0908.12号	号変更
第0908.22号	号変更
第0908.32号	号変更
第0909.22号	号変更
第0909.32号	号変更
第0909.62号	号変更
第0910.12号	号変更
第0910.20号〜30号	類変更 又は 破砕し若しくは粉砕してない産品を破砕し若しくは粉砕すること(分類変更は不要)
第0910.91号	号変更
第0910.99号	号変更 又は 破砕し若しくは粉砕してない産品を破砕し若しくは粉砕すること(分類変更は不要)
第1102.90号	類変更(第10.06項の材料からの変更を除く。)
第1103.20号	類変更(第10.06項の材料からの変更を除く。)
第11.05項	類変更(第07.01項の材料からの変更を除く。)

HS分類番号	品目別規則
第1107.10号	類変更(第10.03項の材料からの変更を除く。)
第1107.20号	類変更(第10.03項の材料からの変更を除く。)
第1108.12号	類変更。ただし、産品が米国で収穫されるとうもろこしから米国で生産されることを条件とする。
第1108.13号	類変更。ただし、産品が米国で収穫されるばれいしょから米国で生産されることを条件とする。
第1108.14号	類変更(第0714.10号の材料からの変更を除く。)
第1208.90号(サフラワーの種の粉及びミール)	類変更
同(その他の産品)	項変更
第15.18項〜第15.22項	項変更
(c)第16.01項〜第16.03項	類変更。ただし、以下を除く。
第1602.32号	類変更(第2類の材料からの変更を除く。)
第1602.41号〜49号	類変更(第2類の材料からの変更を除く。)
第1602.50号	類変更。ただし、第2類の非原産材料が使用される場合、当該非原産材料のそれぞれがTPP11の締約国である第三国において完全に生産されるものであることを条件とする。
(d)第17類〜第21類	類変更。ただし、以下を除く。
第1701.13号〜99号	類変更(第1212.93号の材料からの変更を除く。)
第1702.30号〜60号	類変更(第1212.93号の材料からの変更を除く。)
第17.04項	項変更
第18.03項〜第18.05項	項変更
第1806.10号(※の産品)	項変更(第17.01項の材料からの変更を除く。)
同(その他の産品)	項変更。ただし、第17.01項の非原産材料の重量が産品の重量の50％を超えないことを条件とする。
第1806.20号	項変更
第1806.31号〜90号(カカオ含有量割合が産品の重量の70％を超える菓子)	類変更
同(その他の産品)	号変更
第1901.10号(*の産品)	類変更(第04.01項から第04.06項までの各項の材料からの変更を除く。)
同(その他の産品)	類変更

HS分類番号	品目別規則
第1901.20号(⸎⸎の産品)	類変更(第04.01項から第04.06項までの各項の材料からの変更を除く。)
同(⸎⸎の産品)	類変更。ただし、非原産材料である第1102.90号の米粉の価額が産品の価額の30％を超えないことを条件とする。
同(その他の産品)	類変更
	(注) 2以上の品目別規則が適用可能である場合には、産品は、それぞれの適用可能な品目別規則の要件を満たさなければならない。
第1901.90号(＊の産品)	類変更(第04.01項から第04.06項までの各項の材料からの変更を除く。)
同(⸎⸎の産品)	類変更。ただし、非原産材料である第1102.90号の米粉の価額が産品の価額の30％を超えないことを条件とする。
同(その他の産品)	類変更
	(注) 2以上の品目別規則が適用可能である場合には、産品は、それぞれの適用可能な品目別規則の要件を満たさなければならない。
第19.05項	項変更
第2001.90号(野菜の調製品(2以上の野菜から得たものを除く。))	類変更(第0703.10号、第0709.60号、第0709.91号、第0709.92号若しくは第0711.20号の材料又は第0711.90号のアーティチョーク、たまねぎ若しくはピーマンからの変更を除く。)
同(その他の産品)	類変更。ただし、第0703.10号、第0709.60号、第0709.91号、第0709.92号及び第0711.20号の非原産材料並びに非原産材料である第0711.90号のアーティチョーク、たまねぎ及びピーマンの価額が産品の価額の40％を超えないことを条件とする。
第2003.10号	類変更(第0709.51号、第0710.80号又は第0711.51号の材料からの変更を除く。)
第2004.10号	類変更(第07.01項、第0710.10号、第0711.90号又は第0712.90号の材料からの変更を除く。)
第2004.90号(野菜の調製品(2以上の野菜から得たものを除く。))	類変更(第0703.10号、第0709.60号、第0713.10号又は第0713.32号から第0713.40号までの各号の材料からの変更を除く。)
同(その他の産品)	類変更。ただし、第0703.10号、第0709.60号、第0713.10号及び第0713.32号から第0713.40号までの各号の非原産材料の価額が産品の価額の40％を超えないことを条件とする。
第2005.20号	類変更(第07.01項、第0710.10号、第0711.90号、第0712.90号又は第11.05項の材料からの変更を除く。)

HS分類番号	品目別規則
第2005.40号	類変更(第0713.10号の材料からの変更を除く。)
第2005.51号	類変更(第0713.32号から第0713.39号までの各号の材料からの変更を除く。)
第2005.60号	類変更(第0709.20号の材料又は第0710.80号のアスパラガスからの変更を除く。)
第2005.70号	類変更(第0709.91号から第0709.99号までの各号又は第0711.20号の材料からの変更を除く。)
第2005.99号(野菜の調製品(2以上の野菜から得たものを除く。))	類変更(第07.01項、第0709.51号若しくは第0709.60号の材料又は第07.10項から第07.12項までの各項のばれいしょ若しくはきのこ(はらたけ属のもの)からの変更を除く。)
同(その他の産品)	類変更。ただし、第07.01項、第0709.51号及び第0709.60号の非原産材料並びに非原産材料である第07.10項から第07.12項までの各項のばれいしょ及びきのこ(はらたけ属のもの)の価額が産品の価額の40%を超えないことを条件とする。
第2007.99号(果実の調製品(2以上の果実から得たものを除く。))	項変更(第0804.50号のマンゴー若しくはグアバ、第0809.30号の桃、第0810.10号、第0811.10号、第20.06項、第20.08項若しくは第2009.41号から第2009.49号までの各号の材料又は第2009.89号のマンゴージュース若しくはグアバジュースからの変更を除く。)。ただし、第0804.30号の非原産材料の価額が産品の価額の50%を超えないことを条件とする。
同(その他の産品)	項変更。ただし、第0804.30号の非原産材料、非原産材料である第0804.50号のマンゴー及びグアバ、非原産材料である第0809.30号の桃、第0810.10号、第0811.10号、第20.06項、第20.08項及び第2009.41号から第2009.49号までの各号の非原産材料並びに非原産材料である第2009.89号のマンゴージュース又はグアバジュースの価額が産品の価額の40%を超えないことを条件とする。
第2008.11号	類変更(第12.02項の材料からの変更を除く。)
第2008.19号(***の産品)	類変更(第08.02項又は第12.02項の材料からの変更を除く。)
同(****の産品)	類変更(第08.02項又は第12.02項の材料からの変更を除く。)
同(その他の産品)	類変更
第2008.20号	類変更(第0804.30号又は第0811.90号の材料からの変更を除く。)

HS分類番号	品目別規則
第2008.40号	類変更(第0808.30号、第0808.40号又は第0811.90号の材料からの変更を除く。)
第2008.50号	類変更(第0809.10号又は第0811.90号の材料からの変更を除く。)
第2008.70号	類変更(第0809.30号の桃又は第0811.90号の桃からの変更を除く。)
第2008.80号	類変更(第0810.10号又は第0811.10号の材料からの変更を除く。)
第2008.97号(液体又はゼラチンに入った混合物)	類変更(第0804.50号のマンゴー若しくはグアバ、第08.05項、第0808.30号若しくは第0809.10号の材料、第0809.30号の桃又は第0811.90号の冷凍のあんず、梨若しくは桃からの変更を除く。)。ただし、第0804.30号の非原産材料の価額が産品の価額の50%を超えないことを条件とする。
同(その他の産品)	類変更
第2008.99号	類変更(第0804.50号のマンゴー又はグアバからの変更を除く。)
第2009.11号～39号	類変更(第08.05項の材料からの変更を除く。)
第2009.41号～49号	類変更(第0804.30号の材料からの変更を除く。)
第2009.89号	類変更(第0804.50号のマンゴー若しくはグアバ、第0807.20号の材料又は第0810.90号のパッションフルーツからの変更を除く。)
第2009.90号	非原産材料の価額が産品の価額の55%を超えないこと(分類変更は不要。)。
第2101.30号（麦茶）	類変更(第10.03項の材料からの変更を除く。)
同(その他の産品)	類変更
第2103.10号	項変更
第2103.20号（ケチャップ）	類変更(第2002.90号の材料からの変更を除く。)
同(その他の産品)	号変更
第2103.30号	項変更
第2103.90号	号変更
第21.04項	項変更
第21.05項	項変更(第04.01項から第04.06項までの各項の材料、第1901.90号の酪農調製品*又は第2106.90号の酪農調製品*からの変更を除く。)
第2106.10号	号変更

HS分類番号	品目別規則
第2106.90号(果実又は野菜のジュース(2以上の果実又は野菜から得たものを除く。))	類変更(第08.05項若しくは第20.09項の材料又は第2202.90号の果実若しくは野菜のジュースからの変更を除く。)
同 (ゼラチンに入った果実であって、当該果実の含有量が全重量の20%超)	類変更(第20類の材料からの変更を除く。)
同(*の産品)	類変更(第04.01項から第04.06項までの各項の材料又は第1901.90号の酪農調製品*からの変更を除く。)
同(糖水)	類変更(第17類の材料からの変更を除く。)
同(**の産品)	類変更。ただし、非原産材料である第1102.90号の米粉の価額が産品の価額の30%を超えないことを条件とする。
同(こんにゃく調製品)	類変更(第1212.99号の材料からの変更を除く。)
同(その他の産品)	号変更
	(注) 2以上の品目別規則が適用可能な場合には、産品は、それぞれの適用可能な品目別規則の要件を満たさなければならない。
(e)第22.02項	類変更。ただし、以下を除く。
第2202.91号〜99号(ミルクを含有する飲料)	類変更(第04.01項から第04.06項までの各項の材料又は第1901.90号の酪農調製品*からの変更を除く。)
同(果実又は野菜のジュース(2以上の果実又は野菜から得たものを除く。))	類変更(第08.05項若しくは第20.09項の材料又は第2106.90号の果実若しくは野菜のジュースからの変更を除く。)
同(その他の産品)	類変更
	(注) 2以上の品目別規則が適用可能な場合には、産品は、それぞれの適用可能な品目別規則の要件を満たさなければならない。
(f)第22.04項	類変更
(g)2206.00−100	項変更
(h)2207.10−199	類変更
(i)第22.09項	項変更
(j)第23類	類変更。ただし、以下を除く。
第2309.10号	項変更
第2309.90号(飼料用に供する種類の調製品*)	項変更(第04.01項から第04.06項までの各項の材料又は第1901.90号の酪農調製品*からの変更を除く。)
同(ペットフード以外の調製品で米の含有量が乾燥状態において全重量の30%超)	項変更。ただし、第10.06項の非原産材料の価額が産品の価額の30%を超えないことを条件とする。
同(その他の産品)	項変更

HS分類番号	品目別規則
	(注)　二以上の品目別規則が適用可能な場合には、産品は、それぞれの適用可能な品目別規則の要件を満たさなければならない。
(k)第2905.43号～45号	号変更
(l)第33.01項	
第3301.12号～90号	号変更
(m)第35.01項～第35.02項	
第3501.10号～90号	号変更
第3502.11号～19号	項変更
第3502.20号～90号	号変更
(n)第35.04項～第35.05項	
第35.04項	項変更
第3505.10号～20号	項変更
(o)第3809.10号	項変更
(p)第3823.11号～70号	号変更

＊　乳固形分の含有量が乾燥状態において全重量の10％を超えるもの。

‡　砂糖の含有量が乾燥状態において全重量の90％以上である加糖ココア粉に限る。

＊＊　バター脂の含有量が乾燥状態において全重量の25％を超える産品であって、小売用でないものに限る。

‡‡　米粉の含有量が乾燥状態において全重量の30％を超える産品に限る。

＊＊＊　単に煎っただけのナット又は落花生(乾いたもの又は油漬けしたものであって、塩を加えたかどうかを問わない。)に限る。

＊＊＊＊　単に煎っただけのナット又は落花生(乾いたもの又は油漬けしたものであって、塩を加えたかどうかを問わない。)の含有量が乾燥状態において全重量の50％以上である混合物に限る。

☕ TEA BREAK

・・

「国原産」と「地域原産」の違いは？

　原産性判断に当たって最も基本的な要件は、原産性基準を満たすべき産品の原産単位が「国」なのか、「地域」なのかということです。大きく分けて2通りの方法があり、EPAの一締約国を一単位として原産性判断を行う場合(国原産)とEPAの全締約国を一単位として原産性判断を行う場合(地域原産)があります。

　後に詳しく紹介しますが、国原産の考え方において、締約相手国のモノ・生産行為を「自国扱い」することを「累積」と呼んでいます。論点整理上の問題ですが、全締約国を一単位として原産性判断を行う地域原産の下では、他の締約国は「地域」の一部であるので、累積規定は不要です。

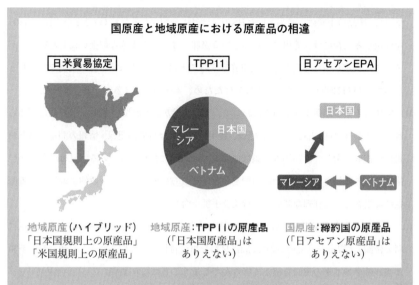

国原産と地域原産における原産品の相違

| 日米貿易協定 | TPP11 | 日アセアンEPA |

地域原産（ハイブリッド）
「日本国規則上の原産品」
「米国規則上の原産品」

地域原産：TPP11の原産品
（「日本国原産品」は
ありえない）

国原産：締約国の原産品
（「日アセアン原産品」は
ありえない）

「国原産、地域原産」と「累積規定」

【累積規定】
自国限りで原産資格を満たすことができない場合、他の締約国のモノ・生産行為を「**自国扱い**」できるようにする規定。

【自国扱い】
産品の原産性判断における生産工程を相手国にまで拡張して、原産性判断基準を満たしやすくすること。

【国原産と累積規定】
累積規定は、締約国の領域内で行い得ることを、EPAの他の締約国にまで拡張することを容認する規定。

【地域原産と累積規定】
累積規定は（本来）必要なし。全締約国を一単位として原産性判断を行うので、他の締約国のモノ・生産行為は当初から原産性判断の対象となっている。

（注）

7　米国における領域は、50州、コロンビア特別区及びプエルトリコ（50州とプエルトリコの中に置かれている外国貿易地区を含む）です。（財務省税関ホームページ「よくあるご質問（FAQ）（日本への輸入について）」から引用。

〔https://www.customs.go.jp/kyotsu/kokusai/FAQ_jpus.pdf〕（最終検索日：2020年7月1日）

8　『メガEPA原産地規則―自己申告制度に備えて―』において、デミニミス規定パラグラ

フ2は「産品の生産に、産品と同じHS項又は号に分類される材料（産品と全く同じもの）を使用する場合には、適用できないという意味です。このような取扱いにしないと、デミニミス規定が単なる混合を一定量許容することになってしまう」旨の説明を行ったところですが（112頁）、やや明確さに欠けたため、本書で詳述することとしました。

9　附属書Ⅰ第C節第1款1（b）において、次の定義が置かれています。「一般的に認められている会計原則」とは、収益、経費、費用、資産又は負債の記録、情報の開示及び財務書類の作成に関して、締約国の領域において一般的に認められている、又は十分なかつ権威のある支持を得ている会計原則をいう。これらの原則には、一般的に適用される概括的な指針並びに詳細な基準、慣行及び手続を含む。

10　TPP11の付加価値基準で採用される積上げ方式においては、計算式の分子が「原産材料の価額」と規定されているので、間接材料を原産材料として取り扱うと原産材料の価額が当該基準の本来の意図を超えて膨らんでしまうことになります。

第3章
日米貿易協定の米国の原産地規則

1．米国の原産地規則の骨格

　図表1－4（日米貿易協定の構成）で示された各規定のタイトルにそれぞれ
の内容の骨格を肉付けしていくと、日米貿易協定における米国の原産地規則
及び原産地手続は以下のとおりです（本書における米国規則の翻訳は、すべ
て筆者による仮訳です）。

米国の原産地規則及び原産地手続
　一般規則及び手続
　　<u>一般規則</u>
　　1．定義：「HS」、「関税上の特恵待遇」、「産品の価額」
　　2．日本国の原産品
　　　（a）完全生産品（地域原産）
　　　（b）原産材料のみから生産される産品（地域原産）
　　　（c）非原産材料を使用して生産され、関税分類変更基準を満たす産品
　　　　（地域原産）
　　3．完全生産品定義
　　4．デミニミス規定（価額ベースで10％）
　　5．代替性のある産品又は材料
　　6．在庫管理方式
　　7．完全生産品定義、加工要件又は関税分類変更基準の適用において考

慮する必要のない材料

(a) 小売用の包装材料及び包装容器

(b) 輸送用のこん包材料及びこん包容器

(c) 附属品、予備部品、工具及び解説資料

(d) 間接材料

8．セット規定（第1規則：構成品すべてが原産品）

9．セット規定（第2規則：非原産構成品がセット価額の10％以下）

10．積送基準

<u>原産地手続</u>

11．輸入者による自己申告（輸入者の知識又は輸入者の所持する情報）

12．関税上の特恵待遇の要求（輸入書類に産品が原産品である旨の記載）

13．輸入者への生産工程を含む原産性疎明書類の提出要求

14．輸入者に対する事後確認（輸出者・生産者から米国税関への疎明資料の直接送付も可能）

15．関税上の特恵待遇の否認

16．本協定に関する照会・相談窓口の設置・維持及び手続に係る情報のウェブサイトでの公開

品目別原産地規則

17．「類」、「項」及び「号」の意味

18．品目別規則の解釈のための細則

(a) 表の第1欄はHS分類（8桁の国内細分）、第2欄は品目別規則を規定

(b) 関税分類変更基準の要件は非原産材料のみに適用

(c) 関税分類変更基準に適用除外品目がある場合、産品が原産品となるためには当該品目は原産品でなければならず、米国国内法に従って判断

(d) 複数の品目別規則を選択適用できる場合、いずれかの1要件を充足

(e) HS通則2（a）が関税分類変更基準の例外として言及される場合、製品分類される未完成品への部品の組立ては関税分類変更基準を満たしたこととしない

19.「類変更（CC）」、「項変更（CTH）」、「号変更（CTSH）」及び「単なる組
立て（Simple assembly）」の定義

品目別原産地規則表（第1欄：HS分類、第2欄：品目別規則）

2．米国の原産地規則の逐条解説

　米国の原産地規則は、日本国の規則とほぼ同じ順番で規定が置かれていま
すが、パラグラフ8、9の**セット規定**、同18（e）**HS通則2（a）の未完成品へ
の部品の組立規定**、及び同19の**「単なる組立て（Simple assembly）」の規定**は
米国の規則にのみ存在します。また、品目別規則表は、ほぼすべての品目に
関税分類変更基準のみが設定され、例外的に特定材料の使用制限が併用され
ています。

（1）定義

　米国の原産地規則では、日本国規則で12の用語に対する定義を規定して
いるのに対して以下の3つの用語を定義するに過ぎません。表現の仕方は異
なっていても、適用した場合の両国での取扱上の齟齬はありません。

（a）「統一システム」は、米国法によって採択され実施されている通則、部注、
　　類注及び号注を含む『商品の名称及び分類についての統一システム』を意味
　　する。
（b）「関税上の特恵待遇」は、米国関税率表に従って原産品に対して適用される
　　関税率を意味する。
（c）「産品の価額」は、WTO協定附属書1Aの『1994年の関税及び貿易に関する
　　一般協定第7条の実施に関する協定』の第1条から第8条の各規定、第15条
　　及び関連する解釈のための注釈に従って、必要な場合には、当該産品の輸出
　　国から輸入地までの国際輸送に付随する輸送、保険及び関連サービスに生じ
　　た費用、諸掛り又は経費を含まないように調整した上で決定される価額を意
　　味する。

(2) 原産品

　米国関税率表に記載される産品に関し、日本国からの原産品は、本規則に別段の定めがある場合を除き、以下のいずれかに該当し、かつ、原産地規則及び原産地手続に定める全ての関連する要件を満たす産品となります。

> (a) 一方又は双方の締約国において完全に得られ、又は生産される産品であって、パラグラフ3に定めるもの
>
> (b) 一方又は双方の締約国において原産材料のみから完全に生産される産品、又は
>
> (c) 一方又は双方の締約国において非原産材料を使用して完全に生産される産品であって、当該材料がパラグラフ17から19までの規定及び表に定める品目別原産地規則における関税分類変更の要件を満たす産品

(3) 完全生産品定義

　パラグラフ2の原産品基準で定める完全生産品は、「地域原産」の考え方に則り、一方又は双方の締約国において一貫して生産された産品が該当します。前章の日本国の規則で述べたとおり、米国の完全生産品定義においては動物に関連して「第3類に該当するものを除く」との文言が削除されています。米国の譲許品目において第3類、第16類は含まれておりませんので、あえて日本国定義と異なる規定振りとする理由は判然としません。その他の定義は日本国の定義と全く同じなので、完全生産品定義が適用される可能性が高い農産品、同加工品においては、事実上、統一定義が適用されると考えてもよいと考えます。米国の完全生産品定義は以下のとおりです。

> (a) 当該領域において栽培され、耕作され、収穫され、採取され、又は採集される植物又は植物性生産品
>
> (b) 当該領域において生まれ、かつ、成育された生きている動物
>
> (c) 当該領域において生きている動物から得られる産品

(d) 当該領域において狩猟、わなかけ、漁ろう、採集又は捕獲により得られる動物

(e) 当該領域から抽出され、又は得られる鉱物その他の天然の物質（(a) から (d) までに規定するものを除く。）

(f) 当該領域において、(a) から (e) までに規定する産品又はそれらの派生物のみから生産される産品

(4) デミニミス規定

　米国規則において適用されるデミニミス規定（パラグラフ4）は、日本国に適用される規定と同じ構造を採っていますが、文言が微妙に異なっています。日本国の規定では「要件を満たすときは、当該産品を原産品とする」としているのに対し、米国の規則では「要件を満たすときは、当該物品を日本国の原産品とする」としています。地域原産の考え方においては、日本国の規定振りの方が理にかなっておりますが、ハイブリッド型においては米国のストレートな表現の方が分かりやすいかもしれません。

　(a) は、**「関税分類変更基準を満たさない非原産材料」**を対象とすることを明示し、当該非原産材料が産品のFOBに調整した価額の10％を超えず、本協定の原産地規則・同手続の他の全ての要件を満たすときは当該産品を日本国原産品とすることができます。ただし、(c) に適用例外規定を置いています。

　(b) は、デミニミス規定の適用において「非原産材料を他の産品の生産において使用している場合」のみとすることを規定しています。この規定は、日本国規則で詳しく説明したとおり、「産品の生産において使用」された非原産材料のみを対象とするので、例えば、当該産品（日本国原産の機器）と全く同じもの（韓国で生産された機器）を輸入し、原産品と置き換えるようなことは認められないことを意味します。本規定の適用には使用された非原産材料に対する「生産」が行われ、当該材料とは異なる産品が出現することが前提となりますが、米国原産地規則には「生産」の定義が置かれていないので、一般的な意味での生産に該当する行為が行われるべきことに留意しつつも、日本国規則の解釈と同様の取扱いが可能であると考えます。

図表3−1：デミニミス規定が適用されない場合（米国）

対象産品	デミニミス規定が適用されない非原産材料
第21.05項	第04.01項から第04.06項の非原産材料、又は第1901.90号の乳固形分の含有量が乾燥状態において全重量の10％を超える酪農調製品

　（c）デミニミス規定の適用例外は、日本国における例外よりも品目数が少なく、**図表3−1**に掲げられた品目が例外となります。

（5）代替性のある産品又は材料、在庫管理方式

　米国規則のパラグラフ5及び6の規定は、日本国の規則で説明したとおり、代替性のある原産及び非原産の産品が混在して蔵置され、物理的に原産品のみを選別することなくそのまま輸出される場合、又は代替性のある原産及び非原産の材料が産品の生産に使用される場合において、当該産品又は材料の本来の原産性の有無にかかわらず政策的に原産品又は原産材料として取り扱うことを定めています。

　米国規則は、日本国規則と異なり、「代替性のある産品又は材料」の定義及び代替性のある産品又は材料が「物理的に分離している」ことを選択肢とする規定を置かず、次のように代替性のある物品を材料と産品とに区分した規定振りとなっています。

　（a）原産及び非原産の代替性のある材料が産品の生産に使用された場合、当該材料が原産材料であるか否かの決定は、当該生産が行われた締約国の一般的に認められている会計原則で認められる在庫管理方式又はその他許容される方式に従って行われる。
　（b）原産及び非原産の代替性のある産品が混在し、そのまま輸出される場合、当該産品が原産品であるか否かの決定は、当該産品が輸出された締約国の一般的に認められている会計原則で認められる在庫管理方式又はその他許容される方式に従って行われる。

　また、パラグラフ6において、日本国規則と同様に、選択された在庫管理方式が生産者又は当該在庫管理方式を選択した者の会計年度を通じて使用さ

れるべきことを義務付けています。

（6）完全生産品定義、加工要件又は関税分類変更基準の適用において考慮する必要のない材料

　このグループに属する規則は、ほぼ世界共通のスタンダード規定といえます。そのためか、予備部品等及び間接材料の規定は、我が国がこれまで締結してきたEPA原産地規則における定型的な詳細規定に比較して、極めて簡素な、骨組みのみを規定したものとなっていますが、規定の意味するところは変わりません。

　ただし、間接材料の規定が、米国が一貫して規定してきた「原産材料とする」ことを維持せずに、日本国規則とあえて非対称にしてEU方式（「中立的な要素」）の「原産性判断に当たって考慮しない」との規定振りに変更したことは興味深いところです。

（a）産品と共に分類される小売用の包装材料及び包装容器

（b）輸送用のこん包材料及びこん包容器

（c）附属品、予備部品、工具又は解説資料その他の資料であって、慣習的なものであり、かつ、産品に含まれるものとして分類され、共に納入されるもので、仕入書が別立てにされていないもの

（d）産品の生産、試験若しくは検査において使用されるが当該産品に物理的に組み込まれない間接材料、又は産品の生産に関連する建物の維持若しくは設備の稼働のために使用される間接材料

　日本国規則でも触れたところですが、付加価値基準が存在しない米国の品目別規則の内容を勘案すれば、本規定は実質的にすべての原産性判断基準に対して適用されます。

（7）セット規定

　セット規定は、日本国規則には存在せず、**米国規則のみ**に置かれています。米国規則のセット規定は、２段階ルールを採用するスタンダード型で、それ

それのルールがパラグラフ8、9に規定されています。本規定のセットは、HS通則3の適用により小売用のセットとして分類される産品を対象とするので、HSにおいて「セット」の文言が使用されている項又は号に分類される産品（通則1の適用によるセット）には適用されません（その場合、当該項又は号に設定される品目別規則が適用されます）。米国規則のセット規定は次のとおりです。

8．米国関税率表においてHS通則3の適用によって分類されるセットに関し、当該セットを構成するそれぞれの産品が原産品であり、かつ、当該セット及び当該セットを構成する各産品が本附属書の原産地規則及び原産地手続における他の要件を満たす場合には当該セットは原産品とする。

9．パラグラフ8の規定にかかわらず、HS通則3の適用によって分類されるセットに関し、当該セットを構成するすべての非原産の産品の価額が当該セットの価額の10％を超えない場合には、当該セットは原産品とする。

(8) 積送基準

　積送基準は、日本国規則で述べたとおり日米で異なる規定振りとなっていますが、地域原産の考え方に基づく積送基準の第1原則（域内を移動する原産品の原産性維持）の記載が所与のものとして省略されているものの、第2原則は、表現方法で肯定式か否定式かの差異があるほかはほぼ同じ内容となっています。

10．産品は、次の事由に該当するときには原産品とは認めない。

(a) 両締約国の領域外において当該原産品について、**積卸し、ばら積み貨物からの分離、蔵置**、米国の要求に基づいて行われる**ラベル或いは証票による表示**又は当該原産品を**良好な状態に保存**するため或いは当該原産品を米国の領域へ輸送するために必要な他の作業を除いて、生産或いはその他の作業が行われる場合、又は

(b) 当該原産品が第三国の領域において**税関当局の監督**の下に置かれない場合。

したがって、TPP11、日EUのメガEPAにおける積送基準の緩和及び自己申告制度の採用に加え、新たに日米貿易協定が同様な規定を採用したことは、日米欧の巨大市場を特恵制度の相互利用を可能とする輻輳的な活用にいっそうの拍車がかかるものと想定されます。すなわち、これらの巨大市場に距離的に近接し、コンテナ船の国際的なハブ港となって港湾施設、セキュリティのしっかりした保税倉庫、電力供給等のインフラ面が整備され、かつ、合理的な税関ほかの港湾当局による行政が保障されている第三国に、TPP11、日EU・EPA、日米貿易協定の各原産地規則をそれぞれ満たす原産品を蔵置しておき、商機を捉えて、当該第三国から直接に米国のみならず、EU諸国、TPP11締約国に対して自己申告を行うことによって輸出できることになります。

なお、米国への輸入に際して使用する米国通関システムであるACE（Automated Commercial Environment）においては、貨物引取りのための申告（エントリー）と関税額等の確定のための申告（エントリーサマリー：CBP Form 7501）の2通りがありますが、日米貿易協定税率が適用される申告要件としては、後者の申告において輸出国及び原産国を「Japan」とすべき旨の告知[11]が出されています。したがって、たとえ第三国の税関監督下で長期間蔵置された後に米国に向けて積み出されたとしても、輸出国はあくまで「Japan」と入力しないとACEのシステム上、日米貿易協定税率の適用ができなくなる可能性があります。

ここで重要となってくるのは、輸出国を「Japan」としてよいかという判断です。第4章で詳細を説明しますが、CBPフォーム7501の注釈においては、同フォーム第14欄の「輸出国」を以下のように定義しています。

　　輸出国は、商品が商取引の最後となった国であり、当該商品が米国に向けて迂回されずに船積みされた国である（The country of exportation is the country of which the merchandise was last part of the commerce and from which the merchandise was shipped to the U.S. without contingency of diversion.）。また、エントリーサマリーは統計申告をも兼ねているので、この観点から米国関税率表には一般統計注釈（General Statistical Notes）が置かれ

ています。同一般統計注釈の1（輸入貨物に係る統計上の要件）には(b)(ⅰ)において「輸出国」の入力に当たっての要件が以下のとおり記載されています。

　輸出国は原産国となる。ただし、商品が第三国に置かれている間に**新たに購入されたものである場合**（except when the merchandise while located in a third country is the **subject of a new purchase**）、当該第三国が輸出国とみなされ、当該第三国を輸出国として申告する。また、その場合には、当該第三国からの輸出の日が当該貨物の輸出の日となる。

　したがって、原産地規則の原則というよりも米国の国内法令の運用次第で、第三国での蔵置貨物への特恵適用が左右されるかもしれません。筆者の意見は、エントリーサマリー記載要領の第14欄の定義にある「商取引の最後（last part of commerce）」との要件を「**第三国で売買取引が成立した**」と解釈し、第三国の税関監督下の保税倉庫に蔵置され米国の原産国表示義務等に対応するための標章の貼付等を行っただけの貨物に対しては日米貿易協定税率の適用は可能であると理解します。

　これらの要件は、第三国の保税倉庫を運営する系列会社等に対して原産品を販売した上で米国に再輸出する形態をとる場合には、米国の輸入者が第三国の保税倉庫運営者から当該原産品を購入することになるため、輸出国は第三国になると解釈することが可能です。また、第三国への貨物の販売は行わず日本国の事業者が第三国に保管場所を確保したとの形態をとるにしても、「商取引の最後」であるか、「商品が第三国に置かれている間に新たに購入されたもの」であるかは、誰と誰との間の取引であるかを明示していないので日米貿易協定税率の適用は可能と考えます。

　しかしながら、積送要件の具備についての判断に際しては、自社が関与する具体例（例えば、第三国保税倉庫に蔵置される自社貨物の原産・非原産の区別方法、同倉庫がコンプライアンス遵守上、どのように管理されているかについての具体的な情報）を十分に把握した上で、米国税関に直接照会するか、米国関税法令の専門家に照会すべきと考えます。

３．米国の品目別規則

（1）米国の品目別規則の概要

　米国の品目別規則は、譲許品目である241税目（8桁）[12]に対してのみ条件付き（65税目）又は単純な関税分類変更基準（176税目）が設定されていることが特徴として挙げられます。関税分類変更基準が適用される対象は非原産材料のみなので、すべての非原産材料のHS分類が判明すれば、最終産品のHS番号及び「except from ……」として除外されているHS番号と、当該非原産材料のHS番号を対査するだけで簡単に原産性判断が可能です。すなわち、産品の原産性が得られない非原産材料は、例えば「CTHルール」の場合、産品と同じ項に分類される材料であり、第9506.31.00号（ゴルフクラブの完成品）の「CTSH, except from subheading 9506.39（その他のゴルフ用具）」の場合、第9506.31号のゴルフクラブの完成品及び第9506.39号に分類されるシャフト、ヘッド等のゴルフクラブの部分品・附属品となります。したがって、後者の例でゴルフクラブを米国に特恵輸出するならば、ゴルフクラブの部分品・附属品を中国等の第三国から輸入して国内で組み立てても原産品とはなりません。ここまでは、他のEPA原産地規則の適用方法と何ら変わるところはありません。

日米貿易協定の米国の原産地規則は他のEPA原産地規則と何が異なるのか？

　それでは、日米貿易協定の米国の原産地規則は他のEPA原産地規則と何が異なるのでしょうか。日米貿易協定の米国規則は、パラグラフ18（c）第1文で、

① 個々の原産地規則が関税分類変更基準によって規定され、かつ、
② HSの類、項又は号レベルで関税項目を除外すべく記載されている場合、
③ 当該原産地規則は、産品が原産資格を得るためには当該除外された関税項目に分類される材料が原産材料であるべきことを意味すると解釈される。

と規定しています。①と②が条件設定で、③が要件本体となります。①は
「CTHルール」、「CTSHルール」の設定、②は「except from ……」で特定の
類、項又は号からの変更を除外する記載がある規則を指していると解釈しま
す。また、③で付される産品の原産資格要件として、当該除外された関税項
目に分類される材料は原産品でなければなりません。この③の要件があるた
めに、②の条件に該当する65税目については関税分類変更基準とは単純に呼
べない規則に事実上変更されています。この変更を分かりやすく説明すると、
以下のとおりです。

米国原産地規則パラグラフ18(c)がない場合

第9506.31.00　CTSH（第9506.39号の材料からの変更を除く）

米国原産地規則パラグラフ18(c)がある場合

第9506.31.00　CTSH（第9506.39号の材料からの変更を除く）、及び
産品の生産に使用される第9506.39号の材料が日本国又は米国における原産品で
あること。

　こうした原産材料の使用義務を定める品目別規則は他の原産地規則におい
ても認められるところですが、通常、このような場合には、材料として使用
される品目すべてに品目別規則が設定され、生産工程のどの段階でも同一原
産地規則によって原産性判断ができます。しかしながら、日米貿易協定の米
国原産地規則は、パラグラフ18(c)の第2文で、

当該材料は、米国の国内法に従って、米国或いは日本国の完全生産品である場
合、又は第三国からの或いは第三国で生産された材料が米国或いは日本国にお
いて実質的変更が生じた場合に原産品とする。

と規定することで、②の条件に該当する65税目については、当該材料の原産
資格を「米国の国内法」に従って判断することを求めます。完全生産品であれ

ばともかく、当該材料に非原産材料を使用した場合には、米国連邦規則第19巻第134.35条（製造により実質的に変更した製品）を適用して「実質的変更」の有無を判断しなければなりません。

なお、本規定の要件に対してパラグラフ４（a）のデミニミス規定が適用されますが、基幹材料の国産品（原産品縛り）使用義務の趣旨に鑑みて、基幹材料が産品の価額の10％以下に収まることは事実上ありえないと考えます。ただし、第21.05項の２税目（アイスクリーム、氷菓（米国関税率表第４類米国追加注釈１で規定される乳製品））についてはデミニミス規定の適用がないので、第04.01項から第04.06項、第1901.90号の酪農調整品又は第2106.90号の酪農調製品に対して原産品縛りが適用されます。

以上を簡単にまとめると、「日米貿易協定の米国の原産地規則は他のEPA原産地規則と何が異なるのか」という問に対する回答は、「米国の原産地規則パラグラフ18（c）の存在により、（ⅰ）通常の関税分類変更基準の充足に加えて基幹材料の国産化義務を負うことになり、（ⅱ）国産化に当たっては米国連邦規則第19巻第134.35条の実質的変更を満たす方法で生産を行うことが求められること」となります。

このほかにも、特定品目に対して適用される個別ルールがありますが、後述の（4）「表に規定される品目別規則（ネガティブ規定）」で説明します。

米国品目別規則の適用に係る概要の説明を終えたところで、品目別規則全

図表３－２：品目別規則が設定されているHS類一覧表（米国）
（グレーは一部のみ設定）

1	2	3	4	5	6	7	8	9	10
11	12	13	14	15	16	17	18	19	20
21	22	23	24	25	26	27	28	29	30
31	32	33	34	35	36	37	38	39	40
41	42	43	44	45	46	47	48	49	50
51	52	53	54	55	56	57	58	59	60
61	62	63	64	65	66	67	68	69	70
71	72	73	74	75	76		78	79	80
81	82	83	84	85	86	87	88	89	90
91	92	93	94	95	96	97			

体についても俯瞰してみます。品目別規則のカバレッジは譲許表と一致する
ことから、農産品・農産加工品（42税目）のみならず、工業製品（199税目）を
含む広い範囲で規則が設定されています（**図表３－２**参照）。

（2）品目別規則の適用のための規則

　パラグラフ17から19までには、品目別規則を適用するための原則規定が置
かれています。まず、パラグラフ17で「類」、「項」、「号」が、HSにおける類（2
桁）、HS分類番号における初めの４桁、同６桁をそれぞれ意味することを規
定しています。この規定は附属書Ⅰ（日本国の関税及び関税に関連する規定）
第A節（一般規定）1（a）、（c）、（d）と同じ定義規定です。

パラグラフ17.　パラグラフ18及び19並びに表に規定される品目別規則の解釈

　パラグラフ18及び19並びに下の表に規定される品目別規則の解釈に当たって、
　　(a)「類」とは、統一システムの類をいう。
　　(b)「項」とは、統一システムの関税分類番号の最初の四桁をいう。
　　(c)「号」とは、統一システムの関税分類番号の最初の六桁をいう。

　パラグラフ18は、次のとおり、品目別規則適用に当たっての表の構成に関
する解説を行い、具体的な適用指針を示しています。

　（a）（日本国の品目別規則が例外として９桁細分を使用するのに対し）米国
　　　の品目別規則は表第２欄に、税目の８桁細分（第１欄）に隣接する形で規
　　　定されています。
　（b）スタンダード規定として、関税分類変更基準が非原産材料に対しての
　　　み適用される旨を規定しています。
　（c）関税分類変更への特定品目の除外がある品目別規則について、産品が
　　　原産品であるためには当該除外品目が締約国において原産品・原産材料
　　　でなければならないことを規定していますが、当該材料の原産性判断は、
　　　米国法に従った
　　　①　完全生産品定義、又は

② 実質的変更基準

によって行われる旨を定めています。

(d) スタンダード規定として、品目別規則において選択適用ができる場合には、そのうちの一つを満たせばよいことを定めています。ただし、本規定が適用されるのは、第8481.80.30号（鉄鋼製の手動式弁）に限られます。

(e) HS通則２(a)が品目別規則において関税分類変更の例外として規定される場合において、産品が通則２(a)の適用によって完成品として分類される未完成品であるときには、要件とされる関税分類変更基準を満たしたものとはしないことを規定しています。本規定が適用されるのは、第87.12項（自転車）の６税目に限られます。

パラグラフ18：パラグラフ18及び19並びに表に規定される品目別規則の解釈

(a) 産品に適用される個々の規則は、表第２欄に、８桁レベルで記載される米国税目に隣接して規定される。

(b) 関税分類変更の要件は非原産材料に対してのみ適用される。

(c) 個々の原産地規則が関税分類変更基準によって規定され、かつ、HSの類、項又は号レベルで関税項目を除外すべく記載されている場合、当該原産地規則は、産品が原産資格を得るためには当該除外された関税項目に分類される材料が原産材料であるべきことを意味すると解釈される。当該材料は、米国の国内法に従って、米国或いは日本国の完全生産品である場合、又は第三国からの或いは第三国で生産された材料が米国或いは日本国において実質的変更が生じた場合に原産品とする。

(d) 項又は号において規則を選択できる場合、産品がそのうちの一つの規則を満たせば当該品目別規則を満たしたものとする。

(e) HS通則２(a)が関税分類変更基準の例外として規定されている場合、部品から未完成品への組立てによる変更が、HS通則２(a)の適用によって当該未完成品が完成品として分類されることで関税分類変更が生じたとしても、関税分類変更基準の要件を満たしたものとは認められない。

本パラグラフの(c)において、「米国法」としてどの原産地規則が適用される

のかについては、米国原産地規則の「一般法」として非特恵原産地規則の適用
があることは想定されましたが、本書の執筆に当たって米国税関に照会した
ところ、以下の返信（**図表3-3**）がありましたので仮訳を掲載しておきます。

　貴方の継続質問に関連し、

1. 「**実質的変更**」は米国連邦規則第19巻第134.35条（当該規則を下に別掲）
   に定義され、日米貿易協定に含まれる関税項目（Tariff line）に対しての
   み適用されることになります。

2. 　特定品目に関する関税分類又はその他の関連質問への助言を得る場
   合には、https://erulings.cbp.gov/s/において事前教示を求めることが
   できるので、付言いたします。

（参考）連邦規則第19巻第134.35条　製造により実質的に変更した製品

(a) NAFTA構成国の産品以外の産品。米国における製造に使用される製品で、
　　輸入された時点での製品の名称、特性又は用途とは異なる名称、特性又は用
　　途に変更されたものは、United States v. Gibson-Thomsen Co., Inc.におけ
　　る判決（27 C.C.P.A. 267（C.A.D. 98））の原則に従うものとする。この原則の
　　下で、輸入された製品を異なる製品に変更又は組み合わせる米国製造業者又
　　は加工業者は、1930年関税法を修正したセクション304(a)(19 U.S.C. 1304
　　(a)）の想定範囲内にある輸入製品の「最終的な購入者」であると考えられ、当
　　該製品はマーキングの対象外となる。輸入された製品の一番外側の容器は、
　　本パートに従って表示されなければならない。

(b)　　NAFTA構成国の産品。（略）

　本パラグラフの（e）において、産品が通則2（a）の適用によって完成品と
して分類される未完成品であるときとは、関税率表解説によると、当該産品
が、「未完成のもので、提示の際に完成した物品としての**重要な特性を有する**
もの」となります。

（参考）HS通則2

(a) 各項に記載するいずれかの物品には、未完成の物品で、完成した物品として

の重要な特性を提示の際に有するものを含むものとし、また、完成した物品（この２の原則により完成したものとみなす未完成の物品を含む。）で、提示の際に組み立ててないもの及び分解してあるものを含む。

また、パラグラフ19では、第２欄に記載される略語の定義を置き、(a)から(c)までは標準的な規定ですが、(d)は関税分類変更の例外としての「**５パーツ・ルール**」で、すべて非原産の５つ以下の部品の些細な加工による取付けのみによっては関税分類変更の要件を満たしたとは認めない旨を規定しています。

図表３－３　米国税関からの返信

RE: Question: which US rules of origin should be applied …

GM　████████████ · ████████ @cbp

宛先　h-imagawa@jastpro.or.jp　　　　　　　　　　6:57
C C　████████ ████████ ████████████

Dear Hiroshi –
With reference to your follow-on questions:

1. "*Substantial Transformation*" is defined in 19 Code Federal Regulations 134.35 (screenshot of the regulation is provided below) and would be applicable to only the tariff lines covered by the US-Japan agreement.
2. Furthermore, to obtain help with classification or other related question pertaining to specific commodities, you can request a ruling at https://erulings.cbp.gov/s/.

---

§134.35　Articles substantially changed by manufacture.

(a) *Articles other than goods of a NAFTA country.* An article used in the United States in manufacture which results in an article having a name, character, or use differing from that of the imported article, will be within the principle of the decision in the case of United States v. Gibson-Thomsen Co., Inc., 27 C.C.P.A. 267 (C.A.D. 98). Under this principle, the manufacturer or processor in the United States who converts or combines the imported article into the different article will be considered the "ultimate purchaser" of the imported article within the contemplation of section 304(a), Tariff Act of 1930, as amended (19 U.S.C. 1304(a)), and the article shall be excepted from marking. The outermost containers of the imported articles shall be marked in accord with this part.

(b) *Goods of a NAFTA country.* A good of a NAFTA country which is to be processed in the United States in a manner that would result in the good becoming a good of the United States under the NAFTA Marking Rules is excepted from marking. Unless the good is processed by the importer or on its behalf, the outermost container of the good shall be marked in accord with this part.

[T.D. 72-262, 37 FR 20318, Sept. 29, 1972, as amended by T.D. 94-1, 58 FR 69472, Dec. 30, 1993]

Need assistance?

Kind Regards,
████████

パラグラフ19：表第2欄において適用される定義

(a)「類変更（CC）」は産品の生産に使用されたすべての非原産材料が2桁レベルで関税分類変更が生じることを意味する。

(b)「項変更（CTH）」は産品の生産に使用されたすべての非原産材料が4桁レベルで関税分類変更が生じることを意味する。

(c)「号変更（CTSH）」は産品の生産に使用されたすべての非原産材料が6桁レベルで関税分類変更が生じることを意味する。

(d)「単なる組立て（simple assembly）」は、すべてが非原産である5つ以下の部品（ネジ、ボルト等の留め具を除く。）をボルト締め、接着、はんだ付け、縫い付け又はその他の些細な加工を超えない手段により取り付けることを意味する。

(3) 関税分類変更基準を満たさない材料の原産性判断基準

　まず、**176税目の単純な「類変更」、「項変更」、「号変更」のみの規則で要件**を満たさない材料について説明しますと、当該税目に記載される産品が分類される類、項又は号に分類される非原産材料です。この適用原則は、他のEPA原産地規則においても同様です。パラグラフ18(c)の適用範囲に産品そのものを含めるべきかという点については、筆者は含まれないとの見解を採ります。その理由は、前述(1)で説明したとおり、①と②の2条件が「かつ(, and)」で接続されていること、②で「関税項目を除外すべく記載（written to exclude tariff provisions）」との文言を受けて③で「当該除外された（関税）項目(those excluded provisions)」との規定振りとなっていることの2点から、文理解釈上、適当と考えます。また、内容面を考慮しても、最終産品にまで原産品縛りの国産化義務を負わすことは、事実上、品目別規則を否定し、米国法の「実質的変更」基準による全面的差し替えとなることから、協定条文との矛盾となり、あり得ない解釈と判断するに至りました。

　次に、前述(1)で「**②　HSの類、項又は号レベルで関税項目を除外すべく記載されている場合**」として説明した**65税目**について、我が国の輸出者・生産者の立場に立った考え方を書き下してみます。第9506.31.00(ゴルフクラブ

の完成品）以外の品目を例にとって、米国向けに特恵輸出を行う際に検討すべき手順を示してみたいと思います。

　専門家でなくても生産工程を追える事例として、眼鏡を取り上げます。**第90.04項**には**視力矯正用眼鏡、保護用眼鏡その他の眼鏡**が分類され、以下の号及び品目別規則が設定されています。

> 第9004.10号 – サングラス　CTH。ただし、第9001.40号又は第9001.50号からの変更を除く。
>
> 第9004.90号 – その他のもの　CTH。ただし、第9001.40号又は第9001.50号からの変更を除く。

　眼鏡は、ご存じのとおり、主にレンズ（第90.01項）とフレーム（第90.03項）で構成されます。したがって、米国の品目別規則は、眼鏡の生産に当たって非原産のフレームの使用を許容しますが、レンズについては原産品縛りのかかった国産品使用義務を負わせます。ちなみに、第9001.40号は、ガラス製の眼鏡用レンズ、第9001.50号はその他の材料製の眼鏡用レンズが分類されます。

　対象をガラス製の眼鏡用レンズに絞って説明を進めると、同レンズの関税分類は以下のように定義されます（関税率表解説：第90.01項）。

（C）光学的に研磨したガラス製の光学用品で、取り付けてないもの

　　　この項又は70類のガラス製の光学用品の区分については、当該物品が光学的に研磨してあるかないかによって決定しなければならない。

　　　ガラスの光学的研磨は、通常、次の二つの工程を経て行う。その表面を所要の形状に加工する（必要な湾曲を与える、正確な角度にする等）工程及びその表面を研磨する工程である。この研磨作業は、最初は粗く、順次、微細になっていく研磨材により、まず表面を荒研磨（grinding）し、続いて荒ずり（roughing）、砂かけ（trueing及びsmoothing）及び研磨又はつや出し（polishing）の工程が順に行われる。正確な径を必要とするレンズの場合には、最後に縁が研磨される。この作業は心取り（centring及びedging operation）と呼ばれる。この項には、所要の光学的特性を持たせるために、その表面の全体又は一部を研磨（polishing）

した光学用品のみを含む。従って、上記の研磨（polishing）までを終えたもの及び成形後研磨したものはこの項に属するが、単に、上記の一以上の工程を経ていても、研磨（polishing）までしてないものは、この項には属さず、70類に属する。

　さて、ガラス製の眼鏡用レンズを国内生産するに当たって、米国法で「実質的変更」があったと認められる製造方法とはどのようなものでしょうか。以下に米国税関の事前教示事例を紹介します（米国税関ウェブサイト「CROSS」（https://rulings.cbp.gov）で検索（最終検索日：2020年7月1日））。

【事例1】
2020年4月17日、N311111号（CLA-2-90:OT:RR:NC:N2:212）
【製　品】
ライフル銃望遠照準器、望遠鏡、イメージング、カメラ等のレンズ
【製造方法】
ドイツ製のガラスのブランク（レンズの形状に大まかに切り分けられた、不透明で光を作用させる能力を持たないガラス）を台湾で検査と光学的な作業（ブランクから荒研磨（grinding）と研磨(polishing)が光学的にステップを踏んで、段階ごとに繰り返される。）が行われる。その後、位置取りと品質向上のためのコーティングが行われる。最終的に、レンズは洗浄され包装された上で米国に輸出される。
【原産国】
ドイツ製のガラスのブランクは台湾における作業によって実質的に変更されたものと認める。光学的な作業手続きはレンズに機能上の性能を付与し、当該ブランクを、新たな、かつ、その名称、特性、及び用途が当該製品の材料として使用された物品と区別できる異なる商業上の物品に変更した。提示された事実及び関連する典拠事例に従い、本件光学レンズの原産国は台湾であると認める。

【事例2】
2003年10月3日、NY 第J88806号（MAR-2 RR:NC:MM:114 J88806）
【製　品】
処方された眼鏡

【製造方法】

フランス、イタリア、日本製のガラス又はプラスチックのレンズのブランクがカナダに輸入される。プラスチック又は金属製のフレームは、韓国、中国からカナダに輸入される。カナダにおいて、レンズはフレームの形に合わせて縁取りされ、外縁を荒研磨し（ground）、研磨し（polished）、注文に応じてコーティングされる。フレームは、特定のブランドの在庫を持つカナダの問屋から供給される。レンズをフレームに取付け、処方された眼鏡は米国の眼鏡店に送付される。

【原産国】

米国税関の一貫した判断として、個人に処方された眼鏡はフレームとレンズから構成され、眼鏡として取り付けられても、フレームとレンズは個別の特質を失うものではない。レンズは、光学処理されたレンズが縁取りされ、外縁が研磨され、コーティングが施されたとしても、実質的変更が行われたとはいえない。したがって、フレームとレンズにそれぞれの原産国が表示されなければならない。

　以上の2事例から分かるように、レンズは光学的な作業が行われなければ実質的変更とはいえません。この事例では、幸いなことに第90.01項の分類基準が光学的な作業が行われたか否かであるので、HS分類が米国非特恵原産地規則上の「実質的変更」の判断の基準として使用できます。

　65税目の品目別規則をさらに分析してみると、これらの規則が、以下のとおり、基本形の類・項・号の変更から（ⅰ）特定材料が分類される類・項・号からの変更、又は（ⅱ）特定項・号に分類される材料の一部からの変更を除外していることが分かります。

（ⅰ）第3701.20.00のインスタントフィルム：「CTH, except from heading 37.02 or 37.03（項変更。ただし、第37.02項又は第37.03項の材料からの変更を除く）」

　　本規則は、第3701.20.00のインスタントフィルムの生産に際して、非原産の感光性のロール状インスタントプリントフィルム（第37.02項）又は非原産の感光性の写真用の紙或いは板紙及び紡織用繊維（第37.03項）を材料として使用することを禁じることです。

　　したがって、パラグラフ18（c）の適用により、インスタントフィルムの

基幹材料である第37.02項又は第37.03項に分類される感光性のロール状インスタントプリントフィルム又は感光性の写真用の紙或いは板紙及び紡織用繊維は、米国又は日本国で連邦規則第19巻第134.35条に従って「実質的変更」が生じた原産品でなければならないことを規定しています。

（ⅱ）第9013.10.10の武器用望遠照準器、潜望鏡及びこの類又は第16部の機器の部分品として設計した望遠鏡：「CTSH, except from optical telescopes of subheading 9005.80（号変更。ただし、第9005.80号の光学望遠鏡からの変更を除く）」

　　本規定は、第9013.10.10の武器用望遠照準器、潜望鏡及びこの類又は第16部の機器の部分品として設計した望遠鏡の生産に際して、非原産の光学望遠鏡（第9005.80号）を材料として転用することを禁じることです。

　　したがって、第9005.80号に分類される光学望遠鏡が、米国又は日本国で連邦規則第19巻第134.35条に従って「実質的変更」が生じた原産品でなければならないことを規定しています。

　　最後に、米国規則において「ロールアップ原則」の適用の是非について論じます。以下の**図表3-4**のとおり、除外規定を置く65税目中、4桁ベースで11品目、6桁ベース27品目、8桁細分の40税目において、品目別規則が当該税目に設定されているにもかかわらず、当該品目別規則を適用せずに、連邦規則第19巻第134.35条が適用されることになります。したがって、原産品第2定義であるパラグラフ2（b）の規定で「原産材料」に言及している以上「ロールアップ原則」は認められますが、品目別規則が全品目に設定されず、かつ、明文規定であるパラグラフ（c）で適用すべき根拠法を指定していることから変則的な取扱いとなっています。また、連邦規則第19巻第134.35条を適用して実質的変更を判断するに際して、少なくとも1段階生産工程の上流に遡って原産性判断を行わねばならないので、任意トレーシング手法は所与ものとして認められています。

　　次章で詳細に説明しますが、米国非特恵原産地規則は判例法としての関税特許上訴裁判所（現在の連邦巡回区控訴審）1940年の「ギブソン・トムセン判決」の原則に従う概念規定であり、具体的な原産国決定に係る判断は、継続

図表３－４：65税目で除外される材料のHS番号、及び品目別規則が存在するにもかか
わらず材料の原産性判断に非特恵原産地規則を適用する品目の8桁税目

65税目で除外される材料のHS番号	品目別規則が存在するが非特恵規則を適用
第04.01項〜第04.06項、 第1901.90号、 第2106.90号、 第37.02項、第37.03項、 第50.04項〜第50.06項、 第5402.11号〜第5402.49号、 第54.04項、第54.06項、 第56.03項、 第6813.81号、 第70.14項、 第72.08項〜第72.29項、	
第73.01項〜第73.26項、	7307.91.10、7307.91.30、7307.91.50、7307.92.90、7307.99.10、 7307.99.30、7307.99.50、7318.14.10、7318.14.50、7318.19.00、 7318.21.00、7318.24.00、7318.29.00、7320.10.90、7320.90.50、 7326.90.86、
第74.09項、第74.11項、 第76.08項、 第8406.82号、	
第84.14項、	8414.10.00、
第8481.90号、第8486.20号、	
第85.01項、	8501.51.20、8501.51.40、8501.51.50、8501.51.60、8501.62.00、 8501.64.00、
第8504.10号〜第8504.50号、 第8506.50号〜第8506.60号、	8504.33.00、8504.34.00、
第8515.11号〜第8515.80号、 第85.35項〜第85.37項、	8515.31.00、 8535.29.00
第87.14項、	8714.91.20、8714.91.30、8714.91.50、8714.92.10、8714.92.50、 8714.93.28、8714.93.35、8714.94.90、8714.95.00、8714.96.10、 8714.96.90、8714.99.80、
第9001.40号、第9001.50号、 第9001.90号、第9005.80号、 第9506.39号、	9506.39.00
第9608.60号	

的に同じ品目について輸出入している事業者であればともかく、一般の貿易
事業者の方には決して容易なものではありません。概念規定そのものは公開
されており、透明性という意味では誰もが知り得る規則ですが、原産国の具
体的な決定に係る予見可能性は極めて低いといわざるを得ません。したがっ
て、継続的に米国に特恵輸出することを予定し、パラグラフ18（c）の規定を

適用することになる輸出者・生産者の方々は、できるだけ早い機会に米国税関から事前教示を取得し、リスク軽減に努めることをお勧めします。

（4）表に規定される品目別規則（ネガティブ規定）

　米国の品目別規則の特徴を挙げると、形式的には関税分類変更基準のみが適用されるということですが、項変更、号変更等の単純な変更だけでは原産資格を与えないネガティブ規定が置かれています。

①　単なる組立てによる関税分類変更

＜対象品目＞

　第84.15項の一部、第84.66項の一部、第84.77項の一部、第84.81項の一部、第85.44項の一部：エアコンディショナーの部品、ツールホルダー、レーザー加工機の部品、マシニングセンターの部品等、ゴム・プラスチックの加工機械の部品等、手動式の鉄製弁等、電気導体等

＜規則の内容＞

　関税分類変更が、パラグラフ19（d）に規定する5パーツ・ルールで律せられる「単なる組立て」による結果として生じる場合には原産資格を与えないとする規定です。

> 19（d）「単なる組立て（simple assembly）」は、すべてが非原産である5つ以下の部品（ネジ、ボルト等の留め具を除く。）をボルト締め、接着、はんだ付け、縫い付け又はその他の些細な加工を超えない手段により取り付けることを意味する。

②　HS通則2(a)の適用による未完成品への組立て

＜対象品目＞

　第87.12項の一部：自転車

＜規則の内容＞

　関税分類変更が、HS通則2（a）の適用によって完成品として分類される未完成品が部品から組み立てられた結果として生じる場合を除きます（完成

品となるまでの組立てが要件となります）。

(参考) HS通則２

(a) 各項に記載するいずれかの物品には、未完成の物品で、完成した物品として
の重要な特性を提示の際に有するものを含むものとし、また、完成した物品（こ
の２の原則により完成したものとみなす未完成の物品を含む。）で、提示の際に
組み立ててないもの及び分解してあるものを含む。

③ 「ブランク」からの加工

＜対象品目＞

第90.02項の一部：カメラ等に使用する対物レンズ

＜規則の内容＞

関税分類変更が、「ブランク」とされる材料（第70.14項に分類されるガラ
スでレンズの形状をし粗く研磨したもの）からの加工の結果として生じる
場合を除きます（粗原料である研磨前のガラスからレンズの完成品となる
までの一貫した研磨が要件となります）。

「ブランク」は、HS通則２(a)（未完成の物品の所属）(Ⅱ)で以下のとおり
定義されていますが、**米国規則における用語は必ずしもHS通則に則った
使用がされていません**。例えば、HS通則２(a)に従った「レンズのブラン
ク」であれば、本来レンズの第90.01項に分類されるはずですが、あえて「第
70.14項に分類されるレンズのブランク」と規定し、混乱を避けています。

HS通則２(a)（未完成の物品の所属）(Ⅱ)

「ブランク」とは、そのまま直接使用することはできないが、完成した物品又
は部分品のおおよその形状又は輪郭を有し、かつ、例外的な場合を除き、完成
した物品又は部分品に仕上げるためにのみ使用する物品をいう（例えば、プラ
スチックボトルの成形前の中間生産品で、管状で一端が閉じており、口の方は
ネジ式の蓋を取り付けるためにネジが切られている。ネジ切り部より下の部分
は、所定の大きさや形に膨張させる。）。完成した物品としての重要な形状を有
するに至っていない半製品（通常、棒、ディスク、管等の形状のもの）は、「ブ
ランク」としては取り扱わない。

(5) 表に規定される品目別規則 (特定材料の使用制限)

① 関税分類変更＋特定非原産材料の使用制限 (重量ベース)

＜対象品目＞

　第3824.99号の一部：化学品及び化学調製品

＜規則の内容＞

　号変更。ただし、本号に分類される産品の重量の60％を超えるものが一つの物質又は一の化合物から派生したものであってはならない。

② 関税分類変更＋非原産基幹材料の使用禁止 (加えて、国内生産義務要件)

　既に説明したとおり、非原産基幹材料の使用禁止、かつ、原産品縛りとしての国内生産義務が規定される規則は65税目あるものの、当該使用禁止材料の範囲がより広範囲で厳格な規則の一例として以下があります。

＜対象品目＞

　第21.05項の一部：アイスクリーム、氷菓 (米国関税率表第4類米国追加注釈1で規定される乳製品)

＜規則の内容＞

　項変更 (第04.01項から第04.06項、1901.90号の酪農調整品*又は第2106.90号の酪農調製品*からの変更を除く)

　* 乳固形分の含有量が乾燥状態において全重量の10％を超えるもの

　米国の品目別規則の邦訳 (品名については、農産品は農水省ウェブサイト資料から要約、工業品は筆者の仮訳で要約のみを記載) を、読者の参照の便宜を図るために、以下に掲載します (**図表3－5**)。品名は要約なので正確な表現は英文を参照してください。

図表3－5：米国の品目別規則

第1欄（HS分類番号）	第2欄（品目別規則）
0602.30.00：しゃくなげ、つつじその他のつつじ属の植物（接ぎ木してあるかないかを問わない。） 0602.90.30、40、60、90：生きている多年生植物（ランを除く）、その他の生きている植物	類変更
0603.12.30、70：切花（生鮮）（カーネーション） 0603.13.00：切花（生鮮）（ラン） 0603.14.00：切花（生鮮）（キク） 0603.15.00：切花（生鮮）（ゆり） 0603.19.01：切花（生鮮）（アンスリウム、アルストロメリア等） 0603.90.00：切花及び花芽（乾燥、染色等をし、花束・装飾用）	類変更
0714.30.10、60：ヤムイモ（生鮮・冷蔵・乾燥）	類変更
0807.11.30：すいか（生鮮）（12月1日から翌年3月31日までに輸入） 0807.19.10、50、60、70、80：メロン（生鮮）（指定時期に限定輸入）	類変更
0810.70.00：柿（生鮮）	類変更
0902.10.10、0902.20.10：緑茶（香味を付けてあるもの）	類変更
1515.90.60、80：ホホバ油、植物性油脂及びそれらの分別物	類変更
1704.10.00：チューインガム（ココアを含有しない） 1704.90.10、35、52：キャンディード・ナッツ、砂糖菓子（ココアを含有しない）	項変更
1806.20.22、60、67、79：チョコレート及びココア調製品等	項変更
1806.31.00：チョコレート及びココア調製品（詰物をしたもの等）	号変更
1806.32.01、55：チョコレート又はココア調製品（詰物なし）	号変更
1806.90.01：ココア調整品（塊状、板状又は棒状でないもの）	号変更
2103.10.00：醤油	項変更
2103.90.40、72：酵母エキスの非アルコール調製品、混合調味料	号変更
2105.00.05、25：アイスクリーム、 氷菓（米国関税率表第4類米国追加注釈1で規定される乳製品）	項変更（第04.01項から第04.06項、1901.90号の酪農調整品*又は第2106.90号の酪農調製品*からの変更を除く。）
2841.90.50：オキソ金属酸塩及びペルオキソ金属酸塩（その他）	号変更
2934.10.10、90：芳香性の非縮合チアゾール環を有する化合物 2934.99.15：芳香性の除草剤（その他の複素環式化合物）	号変更

第1欄（HS分類番号）	第2欄（品目別規則）
3403.19.10、50：石油又は歴青油を含む調整潤滑剤 3403.91.10、50、3403.99.00：石油又は歴青油を含まない調整潤滑剤	号変更
3701.20.00：インスタントフィルム（感光式で未感光、平面）	項変更（第37.02項又は第37.03項の材料からの変更を除く。）
3809.91.00：繊維工業等において使用する仕上剤、促染剤等	項変更
3824.99.92：化学工業・類似の工業で生産される化学品・調製品（その他）	号変更。ただし、本号に分類される産品の重量の60％以上を一つの物質又は化合物によって構成されないことを条件とする。
3926.30.10、50：プラスチックの家具用又は車体用の取付具等	項変更
4009.11.00：加硫したゴム製（硬質ゴムを除く）（継手なし）の管及びホース	項変更
4011.80.20、80：新品のゴム製空気タイヤ（建設用の車両等）（放射状の溝,その他）	項変更
4016.93.50：ガスケット等で加硫したゴム製（硬質ゴムを除く）（自動車用以外）	項変更
6909.19.50：陶磁製の理化学用等の物品（磁器製以外）（その他）	類変更
7009.91.50：ガラス鏡（バックミラー以外。枠なし鏡、鏡面が929cm²超） 7009.92.50：ガラス鏡（バックミラー以外。枠付き、鏡面が929 cm²超）	項変更
7307.91.10、30、50：鉄鋼製の管用フランジ 7307.92.90：鉄鋼製の管用ねじ式のエルボー、ベンド 7307.99.10、30、50：鉄鋼製の管用継手（その他）	項変更（第72.08項から第72.29項まで又は第73.01項から第73.26項までの各項の材料からの変更を除く。）
7318.14.10、50：鉄鋼製セルフタッピングスクリュー 7318.19.00：鉄鋼製のその他のねじ 7318.21.00：鉄鋼製のばね座金等 7318.24.00：鉄鋼製のコッター・コッターピン 7318.29.00：鉄鋼製のねじに類する製品（その他）	項変更
7320.10.90：鉄鋼製の板ばね・ばね板（自動車用以外） 7320.90.50：鉄鋼製のばね（その他）	項変更
7326.90.86：その他の鉄鋼製品（その他）	項変更
7410.11.00：銅のはく（精製銅、裏張りなし） 7410.12.00：銅のはく（銅合金、裏張りなし） 7410.21.30：銅のはく（精製銅、裏張りし、クラッド加工） 7410.21.60：銅のはく（精製銅、裏張り） 7410.22.00：銅のはく（銅合金、裏張り）	項変更（第74.09項に分類される厚さが5mm未満の板、シート又はストリップからの変更を除く。）
7616.10.70：アルミ製ねじ、ボルト、ナット、スクリューフック、座金	号変更
8205.40.00：ねじ回し 8205.59.10：パイプ・ツール及びベースメタルパーツ	類変更

第1欄（HS分類番号）	第2欄（品目別規則）
8207.19.60：削岩用工具（互換性）、部品 8207.20.00：金属引抜用等ダイス（互換性）、部品 8207.30.30、60：プレス用等工具（互換性）、部品 8207.40.30、60：ねじ立て用工具（互換性）、部品 8207.50.20：穴あけ用工具（削岩用以外、互換性）、部品 8207.60.00：中ぐり用・ブローチ削り用工具（互換性）、部品 8207.70.30、60：フライス削り用工具（互換性）、部品 8207.90.75：その他の互換性工具（手工具用以外）、部品	号変更
8209.00.00：工具用の板、棒、チップ等	類変更
8301.40.30、60：卑金属製の錠（ラゲッジ、その他）	号変更
8301.60.00：卑金属製の錠の部品	類変更
8301.70.00：卑金属製のかぎ	類変更
8406.81.10：蒸気タービン（船舶推進用以外、出力40メガワット超）	号変更（第8406.82号の材料からの変更を除く。）
8406.90.30、40、45：蒸気タービンの部品（ローター、ブレード、その他）	項変更
8411.99.90：その他のガスタービン部品（その他）	項変更
8414.10.00：真空ポンプ	号変更
8415.90.80：エアコンの部品（自動車用以外） （米国関税率表第99類に以下の規定があります。 　第84.15項のエアコン部品（8415.90.80）で、湿度を別途調整することができないエアコンの部品を含む。 　9921.01.01　自動車用エアコン　　1.4%（JP） 　9921.01.02　その他　　　　　　Free（JP）	号変更（単なる組立てによる場合、第74.11項、第76.08項、第84.14項、第85.01項、又は第85.35項から第85.37項までの各項の材料からの変更を除く）
8419.50.10：熱交換装置（真鍮アルミ板）	号変更
8423.90.90：分銅、重量測定機器の部分品	項変更
8424.89.90：散布用機器（農業用以外）（その他）	号変更
8424.90.10：単純なピストン式スプレー部品、粉用ふいご	項変更
8456.11.10：金属切断用レーザー 8456.90.31：電子化学・イオンビーム式金属切断機器	項変更（第8486.20号の半導体素材上に回路図をドライエッチングする工作機械からの変更を除く。）
8457.10.00：マシニングセンター	項変更（第8486.20号の半導体素材上に回路図をドライエッチングする工作機械からの変更を除く。）
8457.30.00：マルチステーショントランスファーマシン	項変更
8458.11.00：数値制御式横旋盤 8458.91.10、50：数値制御式旋盤（タレット、その他）	項変更
8459.31.00：数値制御式中ぐりフライス盤（その他） 8459.61.00：数値制御式フライス盤（その他）	項変更
8460.29.01：その他の研削盤（数値制御でない） 8460.90.40：その他の仕上げ用加工機械（数値制御式）	項変更
8461.40.10：歯切り盤 8461.50.80：金切り盤及び切断機（数値制御なし）	項変更

第1欄（HS分類番号）	第2欄（品目別規則）
8462.10.00：鍛造機、ダイスタンピングマシン、ハンマー 8462.21.00：数値制御式折り曲げ機械等 8462.29.00：折り曲げ機械等（数値制御なし） 8462.41.00：数値制御式パンチングマシン等 8462.99.80：金属・金属炭化物加工用機械（数値制御なし）	項変更
8463.30.00：金属・サーメットの線の加工機械 8463.90.00：その他の金属・サーメット加工機械	項変更
8465.92.00：木材等の加工用平削り盤・フライス盤等 8465.93.00：木材用の加工用研削盤・研磨盤	項変更
8466.10.01：第84.56項から第84.65項の機械の専用部品 　（ツールホルダー・自動開きダイヘッド） 8466.20.80：歯切り用以外の工作物保持具 8466.92.50：第84.65項の機械用部品・附属品 8466.93.53、98：第84.56項から第84.61項の機械用の特定 　部品・附属品 8466.94.85：第84.62項から第84.63項の機械のその他の部 　品・附属品	項変更（単なる組立てによる場合、第85.01項の材料からの変更を除く。）
8477.10.90：ゴム・プラスチックの射出成形機	号変更
8477.20.00：ゴム・プラスチックの押出成形機	号変更
8477.30.00：ゴム・プラスチックの吹込み成形機	号変更
8477.59.01：ゴム・プラスチックの成形用機械（更生用タ 　イヤ等の成形以外）	号変更
8477.80.00：ゴム・プラスチックの成形用機械（その他）	号変更
8477.90.85：ゴム・プラスチックの加工機械の部品（その 　他）	項変更（単なる組立てによる場合、第85.01項の材料からの変更を除く。）
8480.41.00：金属・金属炭化物成形用の型（射出式等） 8480.71.80：ゴム・プラスチック成形用の型（射出式等） 8480.79.90：ゴム・プラスチックの成形用の型（その他）	項変更
8481.80.30：鉄鋼製の手動式弁	項変更、又は第8481.90号の材料からの変更（単なる組立てによる場合を除く。）
8501.51.20：多相交流電動機（出力37.5W超74.6W以下） 8501.51.40：　同上　（出力74.6W超735W以下） 8501.51.50：　同上　（出力375W超746W以下） 8501.51.60：　同上　（出力746W超750W以下） 8501.62.00：交流発電機（出力75kVA超375kVA以下） 8501.64.00：　同上　（出力375kVA超）	項変更
8502.11.00：ディーゼルエンジンとセットにした発電機 　（出力75kVA以下） 8502.12.00：同上　（出力75kVA超375kVA以下） 8502.20.00：ガソリンエンジンとセットにした発電機 8502.39.00：その他の原動機（風力式を除く）とセットに 　した発電機	項変更
8504.33.00：トランスフォーマー（絶縁性液体を不使用） 　（容量16kVA超500kVA以下） 8504.34.00：　同　（絶縁性液体を不使用）（容量500kVA 　超）	号変更（第8504.10号から第8504.50号までの各号の材料からの変更を除く。）

第1欄（HS分類番号）	第2欄（品目別規則）
8505.11.00：永久磁石・永久磁石用物品で磁化してないもの（金属製）	号変更
8506.80.00：その他の一次電池	号変更（第8506.50号から第8506.60号までの各号の材料からの変更を除く。）
8507.80.81：その他の蓄電池（自動車用以外）	号変更
8515.31.00：アーク溶接機器（金属用で全自動・半自動）	号変更（第8515.11号から第8515.80号までの各号の材料からの変更を除く。）
8515.90.20：電気式溶接機器の部品	項変更
8528.72.16、24、28、32、36、40、44、48、52、56、64、72、80、97：テレビ受像機器（カラー、ビデオディスプレイ等を自蔵しない）	号変更
8535.29.00：電気回路の自動遮断器（電圧72.5kV以上）	号変更
8538.90.30、60、81：第85.35項から第85.37項の機器の専用部品（プリント回路アッセンブリー,成形部品等）	項変更
8539.29.10、20、40：フィラメント電球（クリスマスツリー用、手術用等）	号変更
8544.60.20、40、60：その他の電気導体（電圧1,000V超）	号変更（単なる組立てによる場合を除く。）
8546.20.00：陶磁製のがい子	号変更
8607.19.90：鉄道用、軌道用機関車・車両の車輪・車軸の部品	号変更
8607.99.50：鉄道用、軌道用機関車・車両の部品（その他）	項変更（第6813.81号の材料からのブレーキライニング及びブレーキパッドの取付けを除く。）
8712.00.15、25、35、44、48、50：自転車（補助原動機付きのものを除く）	項変更（第87.14項の材料からの変更がHS通則2（a）によるものである場合を除く。）
8714.91.20、30、50：自転車のフレーム体、フレーム・前ホークの鉄鋼製の管を組立用に切断したセット	項変更（第6813.81号の材料からのブレーキライニング及びブレーキパッドの取付けを除く。）
8714.92.10、50：自転車のリム、スポーク	
8714.93.28、35：自転車用ギア変換装置付きスピード変動ハブ、スピード無変動ハブ	
8714.94.90：自転車用ブレーキ・部品	
8714.95.00：自転車用サドル	
8714.96.10、90：自転車用ペダル・ギヤクランク,同部品	
8714.99.80：自転車用のその他の部品	
9002.11.90：対物レンズ（写真機用、写真引延機用又は写真縮小機用）	号変更（第9001.90号の材料又は第70.14項のレンズのブランクからの変更を除く。）
9004.10.00：視力矯正用眼鏡、保護用眼鏡等（サングラス）	項変更（第9001.40号又は9001.50号の材料からの変更を除く。）
9004.90.00：　　同上　（その他）	
9013.10.10：赤外線を使用しないライフル用望遠照準器	号変更（第9005.80号の光学望遠鏡からの変更を除く。）
9017.80.00：手持ち式の測長用具	号変更
9032.10.00：サーモスタット	号変更

第1欄（HS分類番号）	第2欄（品目別規則）
9201.10.00：アップライトピアノ 9201.20.00：グランドピアノ	項変更
9205.10.00：金管楽器 9205.90.14、18、40：鍵盤楽器、アコーディオン、バグパイプを除く木管楽器	項変更
9207.10.00：電気鍵盤楽器 9207.90.00：電気ギター等のその他の電気楽器	項変更
9209.94.80：第92.07項の楽器の部品	項変更
9506.31.00：ゴルフクラブ（完成品）	号変更（第9506.39号の材料からの変更を除く。）
9506.39.00：その他のゴルフ用具（ボールを除く）	号変更
9506.51.40、60：テニスラケット（ガットを張っていない）、同部品・附属品	号変更
9507.20.80：釣針（はりすを付けてあるもの）	類変更
9507.30.60：釣り用リール（8.45ドル超のもの）	類変更
9507.90.20、40，70：釣り糸（小売用に包装したもの）、疑似餌等	号変更（第50.04項から第50.06項、第54.04項、第54.06項又は第56.03項の各項或いは第5402.11号から第5402.49号の各号の材料からの変更を除く。）
9608.20.00：フェルトペンその他の浸透性のペン先を有するペン・マーカー	号変更（第9608.60号の材料からの変更を除く。）
9608.40.40：シャープペンシル（芯の伸長機能付き）	
9612.10.90：タイプライター用のリボン	項変更

＊ 乳固形分の含有量が乾燥状態において全重量の10%を超えるもの

参照資料：

◎日米貿易協定附属書Ⅰ及びⅡ

【日米貿易交渉における米国側の農林水産品に関する合意内容】

〔https://www.maff.go.jp/j/kokusai/tag/attach/pdf/index-21.pdf〕

【日米貿易協定における米国側の工業品に関する合意の詳細】

〔https://www.meti.go.jp/press/2019/09/20190926006/20190926006-2.pdf〕

TEA BREAK

「完全累積」と「部分累積」の違いは？

累積規定を適用すると、締約相手国の「原産品」を自国に輸入し、自国での他の産品の材料として使用した場合に、輸入品でありながらも非原産品とせず

に、自国の「原産品とみなす」ことができます。また、規定によっては、相手国の「原産品」ばかりでなく、相手国で行われた「生産行為」も自国で行われたとみなすことができます。論点整理上、前者を「部分累積」規定、後者を「完全累積」規定と呼ぶことが一般的です。

部分累積：モノの累積

『私のものは、私のもの。あなたのものも私のもの。あなたがしたことは、私には関係ありません。』(10年目の夫婦)

完全累積：モノ・生産行為の累積

『私のものは、私達のもの。あなたのものも私達のもの。私のしたことも、あなたがしたことも、私達がしたことにしましょうね。🤍🤍🤍』(新婚さん)

　　上の「つぶやき」の内容を原産地規則用語に置き換えれば、以下のとおりです。

部分累積：モノの累積：

　　『自国の原産品は、当然、自国の原産品です。他の締約国の原産品は、自国の原産品とみなすことができます。他の締約国で行われた生産行為は、自国の生産行為として考慮することはできません。』

部分累積、完全累積

	国原産	ハイブリッド	地域原産
部分累積 （モノの累積）	シンガポール、マレーシア、フィリピン、インドネシア、ブルネイ、ベトナム、ASEAN、チリ、インド、スイス		―
完全累積 （モノ・生産行為の累積）	シンガポール、ペルー、豪州、モンゴル、日EU	日米貿易協定	メキシコ TPP11

完全累積：モノ・生産行為の累積：

『自国の原産品は、地域（全締約国）の原産品とみなします。他の締約国の原産品も、地域（全締約国）の原産品とみなします。自国の生産行為も、他の締約国の生産行為も、地域（全締約国）での生産行為として原産性判断を行います。』

具体的な事例で、累積規定を適用した場合の考え方を解説します。

累積対象国の原産品を材料として使用：

我が国の生産者が他の締約国から原産品を材料として輸入し、自らの生産に使用するとします。この場合には、完全累積であれ、部分累積であれ、他の締約国の原産品は自国の原産品とみなした上で原産性判断ができるので、当該締約国からの原産品は関税分類変更の対象から外れ、付加価値基準の計算をする場合、100％原産材料としてカウントできます。

累積対象国の非原産材料を材料として使用：

我が国の生産者が他の締約国から非原産品を材料として輸入し、自らの生産に使用するとします。

完全累積であれば、他の締約国の生産行為と自国での生産行為を合わせて関税分類変更基準を満たせば足ります。例えば、繊維製品で2工程ルールがあれば、他の締約国で1工程、自国で1工程を行えば基準を満たします。また、付加価値基準であれば、他の締約国の原産材料、労働費、直接経費、利益等を原産部分としてカウントすることができます。

部分累積であれば、他の締約国の非原産品は自国でも非原産品であるので、第三国から輸入する場合と同じ取扱いになります。例えば、当該締約国からの

【我が国の生産において累積対象国の原産品を使用】

完全累積・部分累積

➡輸出国原産品

非原産材料	原産材料	労働賃、直接経費、利益	その他

【我が国の生産において累積対象国の非原産品を使用】

完全累積

➡部分的に原産扱い

非原産材料	原産材料	労働賃、直接経費、利益	その他

部分累積

➡輸出国非原産品

非原産材料	原産材料	労働賃、直接経費、利益	その他

3. 米国の品目別規則 ● 93

非原産品は関税分類変更を満たさねばならず、繊維製品で2工程ルールがあれ
ば、他の締約国で1工程、自国で1工程を行ったとしても、基準を満たしませ
ん。また、付加価値基準の計算をする場合、当該材料は、他の締約国の原産材
料等があったとしても、100％非原産材料としてカウントされてしまいます。

（注）

11　Japan Free Trade Agreement, USCBP website

〔https://www.cbp.gov/trade/free-trade-agreements/japan〕（最終検索日：2020年7月
1日）

12　241税目中、第8415.90.80（エアコンの部分品で自動車用のものを除く）については一部
のみを譲許。

第4章

日本国の輸入者自己申告・書類実務及び事後確認

1. 日米貿易協定の輸入者自己申告制度

　日米貿易協定における日本国規則は、附属書Ⅰ第C節第1款9及び10で、原産地自己申告、事後確認、関税上の特恵待遇の否認の各規定について非常に簡潔に規定しています。協定上では骨格のみを定め、詳細は国内法令等に譲る方法が採られています。

> **附属書Ⅰ第C節第1款**
>
> 9（a）日本国は、この協定に基づく関税上の特恵待遇の要求を行う輸入者に対し、産品が原産品であることについて輸入の時に申告を行うよう要求することができる。
>
> 　（b）（a）に規定する申告の要件については、日本国の法令又は手続において定めるものとし、及び利害関係者が知ることができるような方法により公表し、又は入手可能なものとする。
>
> 10（a）日本国は、この協定に基づく関税上の特恵待遇の要求を行う輸入者に対し、当該要求についての確認のために情報を要請することができる。日本国は、輸出者又は生産者から直接提供される当該情報を受領することができる。
>
> 　（b）日本国は、次のいずれかの場合には、関税上の特恵待遇の要求を否認することができる。

（ⅰ）産品が関税上の特恵待遇を受ける資格がないと決定する場合

（ⅱ）(a)の規定により、産品が関税上の特恵待遇を受ける資格があること
　　を決定するのに十分な情報を輸入者から得られなかった場合

（ⅲ）輸入者がこの節に定める要件を満たさない場合

　これらの協定本文のみならず、日米貿易協定に基づく原産品に対する税率、原産地認定基準及び積送基準の具体的規定については、《関税法第３条ただし書》により直接適用することになり、原産地確認のための証明書類等手続規定については《関税法施行令第61条》に、同協定原産品であることの確認及び関税上の特恵待遇の否認に係る規定については《関税暫定措置法第12条の４》に規定があるので、その実施に当たっては、これらの規定どおりに取り扱うことになります。（条約等基本通達３－18（日本国とアメリカ合衆国との間の貿易協定））

（1）日本国における輸入者自己申告実施のための根拠法令

　我が国においては、《関税法第７条》の納税申告と第67条の輸入申告を同時に輸入納税申告を行い、第68条により、その際、必要があるときは、契約書、仕入書その他の申告の内容を確認するために必要な書類又はEPA等の協定上の便益を適用するために必要な書類で政令で定めるものを提出させることができる旨規定されています。

関税法第７条（申告）

　申告納税方式が適用される貨物を輸入しようとする者は、税関長に対し、当該貨物に係る関税の納付に関する申告をしなければならない。

2　前項の申告は、政令で定めるところにより、第67条（輸出又は輸入の許可）の規定に基づく輸入申告書に、同条の規定により記載すべきこととされている当該貨物に係る課税標準その他の事項のほか、その税額その他必要な事項を記載して、これを税関長に提出することによつて行なうものとする。

3　（略）

同法第67条（輸出又は輸入の許可）

　貨物を輸出し、又は輸入しようとする者は、政令で定めるところにより、当該貨物の品名並びに数量及び価格（輸入貨物（特例申告貨物を除く。）については、課税標準となるべき数量及び価格）その他必要な事項を税関長に申告し、貨物につき必要な検査を経て、その許可を受けなければならない。

同法第68条（輸出申告又は輸入申告に際しての提出書類）

　税関長は、第六十七条（輸出又は輸入の許可）の規定による申告があつた場合において輸出若しくは輸入の許可の判断のために必要があるとき、又は関税についての条約の特別の規定による便益（これに相当する便益で政令で定めるものを含む。）を適用する場合において必要があるときは、契約書、仕入書その他の申告の内容を確認するために必要な書類又は当該便益を適用するために必要な書類で政令で定めるものを提出させることができる。

　こうした法律上の規定を受けた《関税法施行令第61条（輸出申告又は輸入申告の内容を確認するための書類等）第1項第2号》に日米貿易協定を加えることで、日米貿易協定に係る輸入申告は他の経済連携協定と同じ手続きを踏むこととなり、原産品申告書等の輸入申告時の提出が必要となります。

関税法施行令第61条（輸出申告又は輸入申告の内容を確認するための書類等）

　法第68条（輸出申告又は輸入申告に際しての提出書類）に規定する政令で定める書類は、輸出申告若しくは輸入申告に係る貨物の契約書、仕入書、運賃明細書、保険料明細書、包装明細書、価格表、製造者若しくは売渡人の作成した仕出人との間の取引についての書類その他税関長が輸出申告若しくは輸入申告の内容を確認するために必要な書類又は次の各号に掲げる区分に応じ当該各号に定める書類とする。

（2）日本国における原産品申告書・同申告明細書等の提出

　《関税法施行令第61条第1項第2号イ(2)》は、自己申告が採用されている協定で求められる「原産地証明書（Certification of Origin）」（TPP11）、「原産地

に関する申告（Statement on Origin）」（日EU・EPA）を国内法に置き換えた
ものが「締約国原産品申告書」であり、関税法施行令に根拠を置くその他の書
類が「原産品であることを明らかにする書類」としての価格表、総部品表、製
造工程表等の書類そのものであることに加え、それらの書類に基づき、原産
品申告書に記載された産品が協定上の原産品であることを要領よくサマリー
として説明するための様式としての「原産品申告明細書」を定めています。

関税法施行令第61条第１項第２号イ（2）
　当該貨物が締約国原産品であることを申告する書類であつて経済連携協定
の規定に基づき作成されたもの（（略）第５項において「締約国原産品申告書」と
いう。）及び当該貨物の契約書、仕入書、価格表、総部品表、製造工程表その他
の当該貨物が当該締約国原産品であることを明らかにする書類（税関長がその
提出の必要がないと認めるときを除く。）（第４項においてこれらの書類を「締
約国原産品申告書等」という。）

　原産品申告書は、協定の必要的記載事項が書かれていれば要件を満たしま
すが、**原産品申告明細書**では、原産性基準を満たすことの説明に加えて、その
説明を立証するための<u>根拠となる価格表、総部品表、製造工程表等の添付が
求められるため、これらの添付資料を含めて「原産品申告明細書等」と呼ばれ
ます</u>。ただし、①文書による事前教示を取得している場合、②日米協定の完
全生産品である場合、③課税価格の総額が20万円以下の場合には、原産品申
告明細書等の提出は原則として省略できます。原産品申告書も原産品申告明
細書も、財務省税関ウェブサイトでサンプルを提示していますが、本来、任
意様式であるのでサンプルと異なる様式で提出しても差し支えありません。
　また、協定上の積送要件を証明するために求める書類として、《関税法施行
令第61条第１項第２号ロ》に定めるのが「**運送要件証明書**」になります。
　以上、自己申告制度及びその手続きの根拠法令である関税法及び関税法施
行令から関連規定を引用し、概要を説明しました。原産品申告書は各協定で
それぞれの呼称が与えられている原産性を申告する文書であり、国内法で申
告要件化する際に名称を継続的に使用できるようにしたものです。したがっ

て、TPP11、日EU・EPAの発効直前の説明会では、輸出の観点から協定上の名称である「原産地証明書」、「原産地に関する申告」として説明する方法と、輸入の観点から国内法化した手続きとして「原産品申告書」として説明する方法とが混在し、特に輸出と輸入の双方を手掛ける事業者の方々には制度に馴染むまで若干の混乱があったことは否めません。このような事態が生じる背景として、輸入に関しては、協定及び国内法を実施する立場の財務省・税関が協定の発効直前には特恵輸入に係るすべての手順を詳細に説明することができるのに対し、輸出に関しては、新規協定に由来する相手国の国内制度に関する具体的な手続きが公開される時期がまちまちであることに加え、当該相手国の通関手続全般を承知している専門家がごく少数しか存在しないため、協定発効直前・直後の説明会では協定内容の一般的な説明に終始せざるを得ないことが挙げられます。

(3) 日本国における輸入者自己申告への対応

　このように、自国と相手国とで共通の手続原則を定めてあっても、実施に係る細則は各国の国内法令に従ったものとなりますが、日米貿易協定の「新しさ」は、両締約国共通の原産性を申告する文書の要件及び特恵待遇を認めるための基本的な手続きを協定で定めず、当初から各締約国の国内法令に委任してしまっていることにあります。このような制度の下で採用される輸入者のみによる自己申告制度は、輸入者の責任がこれまでのEPAの実施上で負う責任をはるかに上回る重いものとなります。すなわち、輸出国側で輸出者・生産者に対する原産性証明に関する申告文書の正確性を担保するための強制的な制度を持たないため、輸入者側で必要な情報を入手し、適正な特恵申告を行うためには、貿易取引契約の締結段階において輸入者による自己申告実施に伴う必要な情報の入手、輸入国税関からの照会に対応するための輸出者との協力関係、これらの契約内容の誠実な履行の確保が必要となります。

　関税上の特恵待遇の利益を直接享受するのは輸入者であり、特恵否認によって損害を被るのも輸入者です。一般論としては、輸出者自己申告制度の下では特恵否認の原因が輸出者による故意又は過失による不正確な原産品申告書の作成にあれば責任の所在は明らかですが、輸入者による自己申告では

いっさいの証明責任を輸入者自らが負うことになるので、輸出者には信義則違反を問うことができても、一般的な商取引上の注意義務を履行している輸出者の責任を追及するのは容易ではないかもしれません。この点については、日米の法律専門家に関与してもらって、しっかりとした契約書を作成し、米国輸出者・生産者の契約上の義務として、我が国での日米貿易協定税率の適用を可能とする資料の提供を行うこと及び輸出者側の故意・過失によって日本国税関から特恵否認された場合には輸出者が責を負う旨を明確にできれば最善の対応となります。

２．日本国における日米貿易協定税率適用のための手続実務

　ここからは実務での取扱いについて、2019年12月に公表された「日米貿易協定にかかる原産品申告書等の作成の手引き」及び日米貿易協定の発効に伴って改正された《関税法基本通達（財関第1689号2019年12月13日）》をベースとして、さらに解説を加えます。輸入申告に際して必要となる書類について以下に解説しますが、一覧表（**図表４－１**）も参照してください。

（1）原産品申告書

① 作成者（輸入者）

　日米貿易協定税率の適用を求める輸入者は、輸入申告に係る産品が原産品であることを示す輸入者自らが有する情報に基づいて、原産品申告書を作成しなければなりません。TPP11、日EU・EPAでは他の原産品申告についての選択肢としての輸出者・生産者が作成する原産品申告書がありましたが、日米貿易協定では輸入者限定となります。

　ただし、輸入者の依頼によって通関士等の代理人が作成することも可能です。

図表4－1：輸入申告にあたって提出すべき書類

書類		目的
通常の輸入申告書類	輸入（納税）申告書	輸入申告において必須の書類
	インボイス	輸入申告された貨物と商業書類上の貨物が同一であることを明確にするために必要な書類
	船荷証券・海上運送状（航空貨物は、航空貨物運送状）	
	パッキングリスト	
	保険料明細書	輸入申告された貨物の課税価格を明確にするために必要な書類
	運賃明細書	
	他法令の許可・承認証	植物防疫法などの関税関係法令以外の法令による許可・承認が必要な貨物の場合に必要な書類
自己申告書類	原産品申告書	自己申告を行う者が原産品である旨を示す書類 ・**輸入者のみ**
	原産品申告明細書	関税法施行令により輸入者が作成する、産品が原産資格を有する事実を簡潔に説明する書類
	添付書類	原産品申告明細書に記載した原産資格を有する事実を裏付ける元データを確認できる書類。例として以下のとおり（**立証に必要なものだけでよい**）。
	完全生産品	契約書、生産証明書、製造証明書、漁獲証明書
	原産材料のみ	契約書、総部品表、製造工程フロー図、生産指図書、各材料・部品の投入記録、製造原価計算書、仕入書、価格表
	関税分類変更基準	総部品表、材料一覧表、製造工程フロー図、生産指図書
	付加価値基準	製造原価計算書、仕入帳、伝票、請求書、支払記録、仕入書、価格表
	加工工程基準	契約書、製造工程フロー図、生産指図書、生産内容証明書

②　必要的記載事項

　前述のとおり、日米貿易協定には必要記載事項を特定する規定はないので、関税法施行令及び関税法基本通達で記載事項が定められています。

　原産品申告書には、輸出者の氏名又は名称及び住所、生産者の氏名又は名称及び住所、輸入者の氏名又は名称・住所及び電話番号、品名、仕入書の番号、関税分類番号（HS2017年版に基づく6桁）、適用する原産性の基準、作成者の氏名又は名称・住所又は居所・印又は署名、作成日を記載します。輸入者と作成者が同一の者である場合、氏名・住所等を省略し、押印又は署名

のみとすることも可能です。また、輸入者の代理人が申告する場合には、当該代理人の押印又は署名をし、輸入者の押印又は署名は必要ありません。

原産性の基準は、

（ⅰ）完全生産品：「WO」、
（ⅱ）原産材料のみから生産される産品：「PE」、
（ⅲ）品目別規則を満たす産品：「PSR」、
（ⅳ）僅少の非原産材料（デミニミス）規定を適用した産品：「PSR」に加えて「DMI」

を記載します。累積規定は存在しないので、日本国の原産材料を米国での産品の生産に使用した場合でも「ACU」の記載は必要ありません。産品が複数ある場合には、それぞれについて記載する必要があります。

③　様式・言語・有効期間等

原産品申告書は任意様式なので、必要記載事項が明確に記載されていればどのような様式でも構いませんが、日本語か英語で記載する必要があります。任意様式を原則としていますが、輸入者からの要望もあることから、財務省税関ウェブサイトの原産地規則ポータルに掲載されている様式見本の使用も可能となります（**図表４−２**参照）。

原産品申告書の有効期間は１年間で、《関税法施行令第61条第５項》の規定により、作成の日から１年以内に輸入申告を行うこととなっています。また、日米貿易協定に使用される原産品申告書は、<u>単一の船積みに係る産品についてのみ有効となるので、TPP11、日EU・EPAのように複数回有効な原産品申告書は存在しませんので留意してください</u>。

（2）原産品申告明細書

①　作成者等

原産品申告明細書は、価格表、総部品表、製造工程表等の書類に基づき、原産品申告書に記載された産品が協定上の原産品であることを説明するため

図表４－２：原産品申告書の様式見本・記載要領

＜原産品申告書記載要領＞

原 産 品 申 告 書

(米国協定)

　本様式は、協定付属書Ⅰ第Ｃ節第１款パラ９（a）に基づく自己申告を行う場合に、任意様式として使用することができる。

1．輸出者の氏名又は名称及び住所			
2．生産者の氏名又は名称及び住所			
輸出者と生産者が異なる場合において、生産者に関する情報は、可能な範囲において記載する。			
3．輸入者の氏名又は名称、住所及び電話番号			
輸入者の住所は日本国内とする。			

No.	4．産品の概要（品名及び仕入書の番号等）	5．関税分類番号（6桁, HS2017）	6．適用する原産性の基準※
商品ごとに記載	品名は、原産品申告書の対象となる産品と関連付けるために十分なものとする。	該当する特恵基準（WO、PE、PER）のいずれかを必ず記載する。なお、必要に応じてDMIを記載する。	
	日本語または英語で記載		

7．その他の特記事項	原産品申告書の作成者の氏名又は名称、住所又は居所を記載する。なお、3欄で記載した輸入者と同一の者が作成した場合には、押印又は署名のみとすることも可。また、輸入者の代理人が申告する場合には、当該代理人の押印又は署名をし、輸入者の押印又は署名を要しない。
8．作成者　氏名又は名称及び住所又は居所　　　　　印又は署名	
（代理人の氏名又は名称及び住所又は居所）　　印又は署名	
作成日　　　年　　　月　　　日	

以上のとおり、4．に記載する産品は、日米貿易協定に基づく原産品であることを申告します。
※WO：完全生産品、PE：原産材料のみから完全に生産される産品、PSR：品目別原産地規則を満たす産品、DMI：僅少の非原産材料
（規格Ａ４）

（出典：「日米貿易協定にかかる原産品申告書等の作成の手引き」
財務省・税関　原産地規則ポータル　2019年12月））

の様式であり、原則として輸入者又は通関士等の輸入者により原産品申告明細書の作成について委託を受けた者が作成します。

② 記載要領

　原産品申告明細書においては、仕入書の番号及び日付、原産品申告書における産品の番号、産品の関税分類番号、適用する原産性の基準、適用する原産性の基準を満たすことの説明等を記載するほか、明細書の作成者の情報を記載するとともに、当該作成者の印又は署名が必要となります。ただし、代理人が作成する場合には、代理人が押印又は署名し、作成者の押印又は署名は必要ありません。

　適用する原産性の基準を満たすことの説明には、以下のような事実を記載する必要があります。

ａ．完全生産品

　締約国において完全に得られた、又は生産された産品であることを確認できる事実。

ｂ．原産材料のみから完全に生産された産品

　すべての一次材料（産品の原材料として産品の生産に直接的に使用された材料で、加工工程を遡及して把握した当該原材料の材料を除く）が協定に基づく原産材料であることが確認できる事実。

ｃ．品目別原産地規則を満たす産品

イ. 関税分類変更基準

　すべての非原産材料の関税分類番号と産品の関税分類番号との間に特定の関税分類番号の変更があることが確認できる事実。この場合に、４桁変更の品目別規則を適用しようとする産品に係る非原産材料について、他の類（２桁）からの変更があることが確認できる場合には、当該非原産材料の関税率表番号の記載は２桁までで足りることに留意してください。

ロ. 付加価値基準

　品目別規則の定める一定の価値が付加されていることが確認できる事実。日米貿易協定は関税分類変更基準をベースとして策定されているので、付加

価値基準の適用がある場合とは、例えば、第2009.90号の混合ジュースに対して「非原産材料の価額が産品の価額の55％を超えない」との使用材料制限ルールが想定されます。

ハ. 加工工程基準

　特定の製造又は加工の作業が行われていることが確認できる事実。例えば、第0910.20号、第0910.30号、第0910.99号のサフラン、うこん、その他の香辛料に対して「破砕・粉砕」を求める事例が該当します。

d．その他の原産性の基準を適用する場合

　協定に規定するその他の原産性の基準を満たしていることを示すために必要となる事実。例えば、以下の2つの事例が想定されます。

＊　変則的な拡張累積の適用

　第1602.50号のその他の調製をし又は保存に適する処理をした肉、くず肉及び血で、牛のものに対して、「類変更。ただし、第2類の非原産材料を使用する場合、TPP11締約国の完全生産品であること」とのルールが設定されているため、当該第2類の非原産材料がTPP11締約国の完全生産品であることを示す必要があります。

＊　完全生産品縛りの適用

　第1108.12号、第1108.13号のとうもろこしでん粉（コーンスターチ）、ばれいしょでん粉に対して、「類変更。ただし、米国で収穫された材料から米国で生産」されるべきルールとなっています。したがって、材料となるとうもろこし、ばれいしょが米国で収穫され、産品であるでん粉が米国で生産されたものであることを示す必要があります。

③　様式・使用言語

　原産品申告明細書の作成にあたっては、必要記載事項を記載した任意の様式を使用し、日本語により作成します。ただし、原産地規則ポータルに掲載されている様式見本を使用することも可能です（**図表4−3**参照）。また、原産品申告明細書に代えて、原産品申告明細書の記載事項を含むその他の書面による提出も認められます。

図表４－３：原産品申告明細書の様式見本・記載要領

＜原産品申告明細書記載要領＞

原産品申告明細書
（米国協定）

１．仕入書の番号及び日付

２．原産品申告書における産品の番号 （該当する原産品申告書の産品の概要欄の番号を記載。なお、概要欄１欄ごとに明細書を作成）	３．産品の関税分類番号 （産品の関税分類番号を６桁レベルで記載）

４．適用する原産性の基準　　　　　　　　　　　産品に適用する原産性の基準についての、WO、PE、PSR 　　　　　　　　　　　　　　　　　　　　　　のいずれか１つに必ずチェックを付す。 　□WO　　　□PE　　　□PSR　　　□DMI　　また、PSRにチェックを付した場合には、必要に応じて 　　　　　　　　　　　　　　　　　　　　　　DMIにチェックを付す。

５．上記４．で適用した原産性の基準を満たすことの説明 （４欄でチェックを付した原産性の基準の応じて、以下のような事実を記載） ・WO：締約国において完全に得られた、又は生産された産品であることを確認できる事実 ・PE：すべての一次材料（産品の原材料となる材料をいい、当該原材料の材料を除く）が協定上の 　　　原産品であることを確認できる事実 ・PSR：非原産材料が規定された規則を満たすことを確認できる事実 ・DMI：非原産材料が規定された基準を満たさない場合に、一定の価額の割合を超えていないことを 　　　示すために必要となる事実

６．その他の特記事項

８．作成者　氏名又は名称及び住所又は居所　　　　　　　印又は署名 　　　　　　　　　　　　　　　　　　　　　　　　　　　代理人が作成する場合 　　　　　　　　　　　　　　　　　　　　　　　　　　　には、代理人の押印又は 　　（代理人の氏名又は名称及び住所又は居所）　印又は署名　署名をし、作成者の押印 　　　　　　　　　　　　　　　　　　　　　　　　　　　又は署名は要しない。 　　　作成日　　　年　　　月　　　日

※WO：完全生産品、PE：原産材料のみから完全に生産される産品、PSR：品目別原産地規則を満たす産品、DMI：僅少の非原産材料

（規格Ａ４）

（出典：「日米貿易協定にかかる原産品申告書等の作成の手引き」
財務省・税関　原産地規則ポータル　2019年12月））

④　明細書の提出省略

　以下の場合には、明細書の提出を原則として省略することが可能です。(ⅰ)文書による事前教示を取得している場合、(ⅱ)日米協定の完全生産品である場合、及び(ⅲ)課税価格の総額が20万円以下の場合。

(3)原産品申告明細書に添付する書類

　原産品申告明細書には、当該明細書に記載された産品が原産品であることを確認できる書類(契約書、価格表、総部品表、製造工程表等)を添付する必要があります。ただし、(ⅰ)文書による事前教示を取得している場合、(ⅱ)日米協定の完全生産品である場合、及び(ⅲ)課税価格の総額が20万円以下の場合には、添付書類の提出を原則として省略することが可能です。

　添付書類には、例えば、上記(2)②ａ．からｄ．までに記載した事実を確認できる以下のような書類が考えられます。

ａ．完全生産品

　契約書、生産証明書、製造証明書、漁獲証明書等

ｂ．原産材料のみから完全に生産された産品

　契約書、総部品表、製造工程フロー図、生産指図書、各材料・部品の投入記録、製造原価計算書、仕入書、価格表等

ｃ．品目別原産地規則を満たす産品

イ.関税分類変更基準

　総部品表、材料一覧表、製造工程フロー図、生産指図書等

ロ.付加価値基準を適用する場合

　製造原価計算書、仕入帳、伝票、請求書、支払記録、仕入書、価格表等

ハ.加工工程基準を適用する場合

　契約書、製造工程フロー図、生産指図書、生産内容証明書等

ｄ．その他の原産性の基準を適用する場合

　製造原価計算書、その他輸入しようとする産品が協定に規定する原産性の基準を満たしていることを示すために必要となる事実を記載した資料。例えば、上記(2)②ｄ．で述べた、第2類の非原産材料がTPP11締約国の完全生

産品であることを示す書類、材料となるとうもろこし、ばれいしょが米国で収穫され、産品が米国で生産されたものであることを示す書類等が考えられます。

（4）輸出者の宣誓書に基づく原産品申告書類作成の可否

　例えば、品目別規則に非原産材料の使用制限（価額）がある場合において、輸出者から原産性の判断に必要な価額の情報が得られないものの、産品が原産品である旨の宣誓書（営業秘密がある場合等）の提出を受け、それに基づいて明細書等を作成し、日米貿易協定の特恵税率を適用を受けることは可能でしょうか。

　日本国税関は、上記の質問に対して以下のように回答しています。

　『通関時には当該宣誓書等によって原産性を満たしていることの合理的な説明ができるのであれば、特恵税率の適用は認められます。ただし、事後確認時において税関が求めた場合には、輸入者が輸出者より入手して日本税関に提出するか、輸入者の依頼により、輸出者・生産者から日本税関に提出するか、いずれかの方法により十分な疎明資料を提出する必要があり、それができなければ特恵が否認される場合があるので、ご注意願います。』
（出典：「よくあるご質問（FAQ）（日本への輸入について）」（2019年12月26日時点））
財務省・税関　原産地規則ポータル

（5）原産品申告書・原産品申告明細書等の記載例

　財務省・税関が2019年12月に実施した説明会で配布された資料（財務省・税関「原産地規則ポータル」からダウンロードできます）を引用しつつ、原産品申告書の記載及び明細書等の作成について簡単に説明します。

事例１：完全生産品の場合（図表４−４）

品名：　　豚肩肉のハム（第1602.42号）

材料：　　豚肉骨なし肩肉（完全生産品）、塩（完全生産品）

規則：　　第Ｃ節第１款パラ２

　（a）（ⅰ）一方又は双方の締約国の領域において完全に得られ、又は生産され

> る産品であって、(b)に定めるもの
>
> (b)(vi) 当該領域において、(i)から(v)までに規定する産品又はそれらの
>
> 派生物のみから生産される産品

図表4－4：完全生産品の豚肉のハム（原産品申告書）

事例2：品目別規則を満たす産品の場合（図表4－5、6及び7）

品名：非原産材料を使用したミックスジュース（第2009.90号）

産品の価額：100米ドル

原産材料：りんご果汁（完全生産品）、オレンジ果汁（PSRを満たす）

非原産材料：レモン果汁（15米ドル）、マンゴー果汁（35米ドル）

規則：非原産材料の価額が産品の価額の55％を超えないこと

（関税分類の変更を必要としない）

図表４－５：非原産材料を使用したミックスジュース（原産品申告書）

原産品申告書
(米国協定)

本様式は、協定付属書Ⅰ第C節第１款パラ９（a）に基づく自己申告を行う場合に、任意様式として使用することができる。

No.			
1．輸出者の氏名又は名称及び住所 American Juice Company 12345, XX Street, Seattle, WA, 98000			← 締約国内の産品が輸出された場所
2．生産者の氏名又は名称及び住所 同上			
3．輸入者の氏名又は名称、住所及び電話番号 関税商事株式会社 東京都港区湾岸２－７－XX、03－3456－XXXX			

No.	4．産品の概要（品名及び仕入書の番号等）	5．関税分類番号 （6桁、HS2017）	6．適用する原産性の基準※
1	ミックスジュース(MIXTURES OF JUICES)、品番:1144556 仕入書：ABC-M-012347、2019.12.24	第 2009.90 号	PSR

「PSR」と記載 →

→ ミックスジュース(MIXTURE OF JUICES)ほか、品番、仕入書の番号、日付等、輸入申告と突合できる情報を記載

7．その他の特記事項

8．作成者　氏名又は名称及び住所又は居所 　　　　　関税商事株式会社 　　　　　東京都港区湾岸２－７－XX 　　　　　（代理人の氏名又は名称及び住所又は居所）	印又は署名　　㊞ 印又は署名

作成日　2020　年　1　月　17　日

以上のとおり、４．に記載する産品は、日米貿易協定に基づく原産品であることを申告します。
※WO：完全生産品、PE：原産材料のみから完全に生産される産品、PSR：品目別原産地規則を満たす産品、DMI：僅少の非原産材料
（規格Ａ４）

図表4－6：非原産材料を使用したミックスジュース（原産品申告明細書）

原産品申告明細書
(米国協定)

1．仕入書の番号及び日付
　　ABC-M-012347、2019.12.24

2．原産品申告書における産品の番号	3．産品の関税分類番号
1	第 2009.90 号

4．適用する原産性の基準
　　□WO　　□PE　　☑PSR　　□DMI

5．上記4．で適用した原産性の基準を満たすことの説明
　　＜原材料＞
　　　原産材料：りんご果汁（原材料：米国産りんご、製造国：米国）
　　　　　　　　オレンジ果汁（原材料：米国産オレンジ・砂糖・酸味料・香料、製造国：米国）
　　　非原産材料：レモン果汁（CIF US$15）、マンゴー果汁（CIF US$35）
　　＜製造工程＞
　　　米国所在の工場において、上記原材料を用いて混合等の製造工程を経て本品を製造する。
　　＜原産性の基準の適用＞
　　　上記原材料のうち、
　　　りんご果汁は完全生産品である。
　　　オレンジ果汁は第2009.12号の品目別原産地規則「CC（第08.05項の材料からの変更を除く）」を満たす原
　　　産材料である。
　　　非原産材料であるレモン果汁とマンゴー果汁の価額の合計は CIF US$50 であり、産品の価額の 55%未
　　　満である。(US$15 ＋ US$35) ／ US$100 × 100 ＝ 50%
　　　以上により、本品は品目別原産地規則を満たし、日米協定上の原産品である。
　　＜関係書類＞
　　　別添の材料一覧表により、上記を確認した。

6．その他の特記事項

8．作成者　氏名又は名称及び住所又は居所	印又は署名
関税商事株式会社	関税商事
東京都港区湾岸 2－7－XX	
（代理人の氏名又は名称及び住所又は居所）	印又は署名

　　　作成日　2020 年　1 月　17 日

※WO：完全生産品、PE：原産材料のみから完全に生産される産品、PSR：品目別原産地規則を満たす産品、DMI：僅少の非原産材料

(規格A4)

産品がどのように原産性の基準を満たしているかについて説明。

＊　りんご果汁は完全生産品である。

＊　オレンジ果汁は同協定第2009.12号の品目別原産地規則「CC（第08.05項
　　の材料からの変更を除く）」の条件を満たす原産材料である。

＊　その他の材料は非原産材料であるが、価額の合計が品目別原産地規則
　　「非原産材料の価額が産品の価額の55%を超えないこと」を満たす。

＊　よって、当該ミックスジュースは日米協定上の原産品である。

図表４−７：非原産材料を使用したミックスジュース（関係書類）

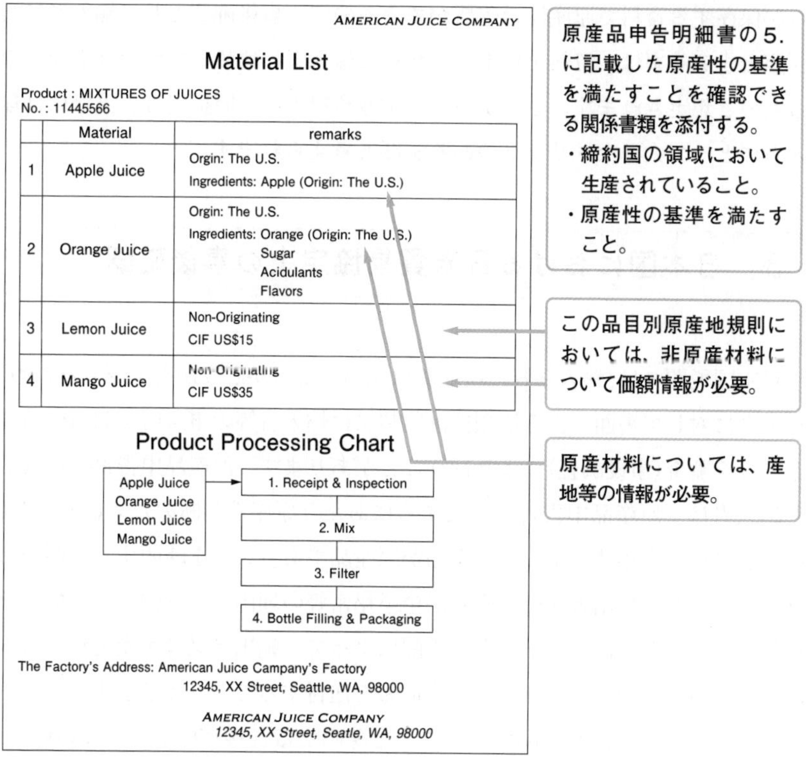

原産品申告明細書の５.
に記載した原産性の基準
を満たすことを確認でき
る関係書類を添付する。
・締約国の領域において
生産されていること。
・原産性の基準を満たす
こと。

この品目別原産地規則に
おいては，非原産材料に
ついて価額情報が必要。

原産材料については，産
地等の情報が必要。

（6）書類の保存義務

　輸入者は、原産品に関する書類を輸入の許可の日の翌日から起算して５年
間保存する必要があります。

　保存対象となる原産品に関する書類は、当該貨物が原産品としての資格を
得るための要件を満たすことを示す全ての記録となります。ただし、輸入申
告の際に税関へ提出した書類については、保存義務の対象となりません。

　したがって、税関の事後確認が５年後に行われるような場合、５年前の関
連書類を探し出して税関に提出することは、よほどしっかりしたデータベー
ス管理を行い、電子データのコピー作成もしっかりしておかなければ即座に
対応することはできません。その点、関連書類を申告時に提出しておけば、

当該書類の紛失等によるトラブルから解放されることになり、税関職員は自らが保存する資料で原産性の確認ができるので、事後確認として輸入者に書面照会する確率は、資料を提出しなかった輸入者に比較してかなり少なくなるものと想定されます。したがって、関連資料の申告時提出は、実際には輸入者にとって大きなメリットのある制度と考えられます。

3．日本国における日米貿易協定上の事後確認

　日本国税関では、輸入された産品が原産品であるかどうかを確認するため、輸入者に対して書面による情報提供要請又は輸入者等の事業所を個別に訪問して行う調査(事後調査)により行うことがあります。原産品申告書を作成した輸入者は、原産品申告書を作成するにあたり原産性判断のために使用し、保存していた書類等に基づき、産品が原産品であることを疎明する必要があります。なお、輸出者又は生産者が企業秘密等の理由により輸入者に情報を提供しない場合等には、輸入者の手配によって、輸出者又は生産者から日本国税関に対し、輸入者を介さず直接情報を送付することもできます。

　輸入者が、産品が原産品であることを疎明する資料が提出できない場合、TPP11、日EU・EPAと異なり、輸入国税関から輸出者・生産者に対する直接又は間接の確認は行われません。結果として、日本国税関からの情報の提供要請に対して提供した情報が原産品であることを確認するために十分でない場合や回答しない場合等には、日米貿易協定税率の適用が否認される場合があります。

　協定上の特恵待遇否認の要件として、附属書I第C節第1款10(b)に以下の3点が規定されています。

　(b) 日本国は、次のいずれかの場合には、関税上の特恵待遇の要求を否認することができる。

　　i　産品が関税上の特恵待遇を受ける資格がないと決定する場合、

　　ii　(a)の規定(輸入者に対する確認のための情報要請)により、産品が関税上

の特恵待遇を受ける資格があることを決定するのに十分な情報を輸入者から得られなかった場合、又は

ⅲ　輸入者がこの節に定める要件を満たさない場合。

　なお、事後確認を行うことが可能な期間は、輸入許可の日から5年間となるので留意してください。（関税法第7条の15、同法第94条第1項、同法施行令第83条第6項、関税暫定措置法基本通達12の4－4）

関税暫定措置法第12条の4

　税関長は、輸入申告がされた貨物について、経済連携協定の規定に基づき関税の譲許の便益を適用する場合において、当該貨物が当該経済連携協定の規定に基づき協定締約国の原産品とされるもの（以下この項において「締約国原産品」という。）であるかどうかの確認をするために必要があるときは、当該経済連携協定の規定に基づき、次に掲げる方法によりその確認をすることができる。

　一　当該貨物を輸入する者に対し、当該貨物が締約国原産品であることを明らかにする資料の提供を求める方法

6　税関長は、次の各号のいずれかに該当する場合においては、経済連携協定の規定に基づき関税の譲許の便益の適用を受けようとする貨物について、当該経済連携協定の規定に基づき、当該譲許の便益を与えないことができる。

　一　当該貨物が当該譲許の便益の適用を受けるための要件を満たしていないとき。

　二　当該貨物を輸入する者が当該譲許の便益の適用を受けるために必要な手続をとらないとき。

　六　その他経済連携協定に定める事項に該当するとき。

7　税関長は、第一項の規定による確認をしたときは、当該経済連携協定の規定に基づき、その結果の内容（その理由を含む。）を当該確認の相手方となつた者（当該経済連携協定に定める者に限る。）に通知するものとする。

【要点整理】　輸入者自己申告に係る日本国規則

＊　輸入者による自己申告のみを採用。

＊　自己申告に係る手続きは関税法施行令、関税法基本通達等に規定。

＊　事後確認は輸入者に対してのみ実施。米国税関には照会しない。

＊　日本国税関は、米国の輸出者・生産者から原産性に係る情報を直接受領することが可能。ただし、税関から輸出者・生産者に提供要請することはない。

＊　特恵待遇の否認の要件：

・　日本国税関が産品の原産性がないと判定。

・　輸入者が税関の事後確認で原産性に係る疎明に失敗。

・　輸入者がその他の要件を満たさない。

＊　MFN通関後の特恵待遇の要求は認められない。

☕ TEA BREAK

原産地証明制度の変遷

　特恵原産地の証明は、第三者証明と呼ばれる輸出国の「発給当局」が発給する「原産地証明書」に起源を有します。筆者の調査が及ぶ範囲では、地域特恵としては1963年のEECのヤウンデ協定で原産地証明書の発給を、世界的なスキームとしては1971年の一般特恵（GSP）で統一様式としての一般特恵原産地証明書Form Aを求めたことに始まります。第三者証明制度は、特恵受益国の発給当局への信頼に基盤を置く制度で、輸入国税関は、正規に発給された証明書であるか否かを印影、署名等から判断し、偽造証明書の摘発を主な役割とします。

　こうした信頼は、特恵スキームが数少なく、特恵貿易の比重があまり重くなかった時代にはある程度確保されていましたが、途上国がFTA網に取り込まれ、2桁の特恵スキームに加盟する時代になると、発給当局による証明内容の劣化が顕著になります。米国では、途上国発給当局の発給に係るコストが貿易円滑化を阻害するとして、早い時期にGSP等の原産地証明書への押印を省略させました。EUは、発給当局がEU税関の要請を無視して独自解釈により原産地証明書を発給し続ける事態に直面し、しかも、発給当局の正規の証明書を信頼

した輸入者に対して関税の追徴を許容しない判決が現れると、第三者証明の維持が困難と判断するに至ります。

　米国では、NAFTAで輸出者自己申告を採用したものの、次の段階の輸入者自己申告へと早々に舵を切ることになります。一方、EUでは、過渡的に認定輸出者自己証明制度を採用しますが、輸出者自己申告を制度の中心に置くようになります。

　上述のとおり、輸入者自己申告を最も早く導入したのは米国で、その経緯は第5章で詳しく述べます。米国が締結・関与したFTA以外で、輸入者自己申告を（第三者証明制度と併用せずに）輸出者・生産者による自己申告と合わせて採用したのが日EU・EPAで、新時代のFTA・EPA原産地手続きのモデルを提供するものとして大きなインパクトを与えています。

　しかしながら、途上国をはじめ、中進国においても税関当局と貿易事業者との相互信頼関係が確立しているとは言い難く、事業者のみが関与する情報への不信感が自己申告（特に輸入者自己申告）制度の世界的な普及を困難にしています。

特恵原産地の証明制度の変遷

●第三者証明・・・・・・・・・・・・・・・・・・・**第1段階**

発給当局は、税関、貿易担当省庁、委任された者
➡過渡期の制度として、「認定輸出者自己証明」

●輸出者による自己申告・・・・・・・・**第2段階**

●輸入者による自己申告・・・・・・・・**第3段階**

周知されたコンプライアンスと共有される責任
Informed compliane and shared responsibility

米国税関近代化法（Title VI of P.L. 103-182）（1993年）により、関税関係法令遵守の責任は米国税関と輸入者とで共有される。輸入者は原産地規則を含む税関関連手続きを理解し、税関申告、関税分類、関税評価を「合理的な注意（reasonable care）」をもって行う。（米国議会調査局報告「国際貿易：原産地規則」（2012年1月）から概要を引用）

　第三者証明と自己申告では、対象産品の原産性の立証を可能にする時間軸が大きく異なります。第三者証明では、産品を輸出国で輸出する際に原産地証明書が発給され、当該産品が輸出国を離れたら、輸送途上で当該産品の原産性が維持されたか否かは輸入者が輸入国税関に説明する義務を負います。

　一方、自己申告であれば、産品の生産時から輸入国における輸入申告時まで、立証する時間的な幅が拡がります。したがって、第三国の保税倉庫に自己申告を採用する複数のFTA・EPAのそれぞれの原産地規則を満たす原産品を蔵置し

ておき、発注を受け次第、第三国から当該国へ直接特恵輸出することが可能となります。

　第三者証明制度の下で同じことを行うとするならば、輸出時に発給された原産地証明書の有効期間内に限定され、第三国で行える作業も限定され、しかも、輸出先は輸出時に確定していなければならないので、1特恵スキームだけの使用に限られます。

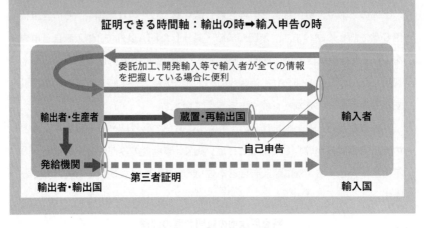

第5章
米国の自己申告・書類実務
及び事後確認

1．米国FTAにおける自己申告の歴史

(1) 輸入者自己申告導入の背景

　日米貿易協定では、我が国として初めて輸入者のみによる自己申告制度が採用されましたが、米国はこれまで締結したFTAのすべてにおいて自己申告を採用し、しかも、その内の約半数が輸入者単独の自己申告となっています（**図表5－1**参照）。米国が締結したFTAにおける自己申告制度は、当初の2本（米イスラエルFTA、NAFTA）こそ当時の自己申告の常識とも言える輸出者自己申告を採用していますが、2001年12月に発効した米ヨルダンFTAから輸入者自己申告が始まります。米国が輸入者自己申告を採用することとなった背景には、1993年に発効した《税関近代化法》[13]による米国通関制度の大変革によるところが大きいと考えられます。

　《税関近代化法》において新たに導入された2つの大きな柱としての「周知されたコンプライアンス(informed compliance)」と「分担された責任(shared responsibility)」は、輸入者が米国関税関係法令の自主的なコンプライアンスを極大化する法的な前提を与えており、米国税関に対して明確かつ完全に当該法令上の権利・義務を事業者に対して周知することを求めます。その結果、必要な情報を共有した事業者は、米国税関と共に当該法令上の義務を履行する責任を負うこととなります。具体的には、輸入者 (importer of record) [14]

図表5-1：日米のEPA・FTAにおける証明制度比較表

発効年月日	我が国のEPA	米国のFTA	原産性証明方法
1985年8月19日	―	米イスラエル	自己申告（出）
1994年1月1日	―	NAFTA[15]	自己申告（出）
2001年12月17日	―	米ヨルダン	自己申告（入）
2002年11月30日	日シンガポール	―	第三者証明
2004年1月1日	―	米チリ	自己申告（出・生・入）
1月1日	―	米シンガポール	自己申告（入）
2005年1月1日	―	米豪州	自己申告（入）
4月1日	日メキシコ	―	第三者証明・認定輸出者自己証明
2006年1月1日	―	米モロッコ	自己申告（入）
3月1日	―	米CAFTA-DR	自己申告（出・生・入）
7月13日	日マレーシア	―	第三者証明
8月1日	―	米バーレーン	自己申告（入）
2007年9月3日	日チリ	―	第三者証明
11月1日	日タイ	―	同上
2008年7月1日	日インドネシア	―	第三者証明
7月31日	日ブルネイ	―	同上
12月1日	日アセアン	―	同上
12月11日	日フィリピン	―	同上
2009年1月1日	―	米オマーン	自己申告（入）
2月1日	―	米ペルー	自己申告（出・生・入）
9月1日	日スイス	―	第三者証明・認定輸出者自己証明
10月1日	日ベトナム	―	第三者証明
2011年8月1日	日インド	―	第三者証明
2012年3月1日	日ペルー	―	第三者証明・認定輸出者自己証明
3月15日	―	米韓国	自己申告（出・生・入）
5月15日	―	米コロンビア	自己申告（出・生・入）
10月31日	―	米パナマ	同上
2015年1月15日	日豪	―	第三者証明、自己申告（出・生・入）
2016年6月7日	日モンゴル	―	第三者証明
2018年12月30日	TPP11	―	自己申告（出・生・入）
2019年2月1日	日EU	―	自己申告（出・生・入）
2020年1月1日	日米貿易協定		自己申告（入）
2020年7月1日	―	USMCA	自己申告（出・生・入）

（出典：WTOウェブサイトRTAデータベース、米国USTRウェブサイト。最終検索日：2020年7月1日）

　が合理的な注意（reasonable care）を払って関税分類、関税評価、原産地その他の輸入手続きに係る情報を米国税関等に提供する責任を負い、米国税関は関税分類、評価、原産地等について最終的な決定を行う責任を負うことにな

ります。輸入者による合理的な注意が不充分であった場合には、通関の遅延又は、場合によっては罰則の適用がありえます[16]。この方式は、FTAを利用した特恵輸入においても適用され、FTA税率の適用を要求する輸入者は（当然のこととして）産品の原産性について承知していることが前提となり、輸入者の知識・所持する情報こそが特恵税率要求の根拠となり得ます。

(2) 米国FTAにおける自己申告のタイプ

　2001年の米ヨルダンFTA以降、輸入者自己申告と輸入者・輸出者・生産者による自己申告の二者択一で推移していきます。そうした中でも一定の傾向が見て取れます。

　まず、米国が採用する輸入者自己申告のタイプは、締約相手国が中東、モロッコといったFTAの締結に消極的な国々（中東型）と、豪州、シンガポール及び日本といった数多くのFTA・EPAを締結している国々（先進国型）とに分かれます。

　次に、輸入者・輸出者・生産者の事業者３者による自己申告は、締約相手国がいずれもFTA交渉経験の豊富な中南米諸国及び韓国となります。未発効ですが、NAFTAの後継協定であるUSMCAは、TPP12を継承する形で輸入者・輸出者・生産者による自己申告を採用しています（**図表５－２**参照）。

図表５－２：米国のFTA相手国のFTA締結数比較

輸出者自己申告		輸入者・輸出者・生産者自己申告		輸入者自己申告			
				中東型		先進国型	
イスラエル	8	チリ	29	ヨルダン	7	豪州	13
NAFTA/USMCA		CAFTA		モロッコ	8	シンガポール	24
カナダ	14	コスタリカ	13	バーレーン	4	日本	18
メキシコ	23	エルサルバドル	11	オマーン	4		
		グアテマラ	9				
		ホンジュラス	11				
		ニカラグア	9				
		ドミニカ共和国	4				
		ペルー	18				
		韓国	18				
		コロンビア	13				
		パナマ	16				

（出典：WTOウェブサイトRTAデータベース。我が国の18は日米貿易協定を含めたもの。最終検索日：2020年７月１日）

　本章の末尾に掲載した参考資料「米国が締結したFTAの自己申告関連条文抜粋」が示すとおり、同じ輸入者自己申告であっても中東型と先進国型では次のとおり条文内容の色彩が全く異なります。

①　輸入者自己申告（中東型）

　中東型は、輸入申告においてFTA税率の要求を行うことで、一義的に原産資格の証明を行ったこととする「みなし規定」を採用し、輸入国税関が事後確認を行う理由として、（ⅰ）当該みなし証明の正確性に疑義がある場合、（ⅱ）リスク判定によって事後確認を行うことが適切となった場合、及び（ⅲ）ランダム・チェックにより確認対象を割り振る場合、に限定しています。このような規定を入れた背景に米国の事業者の保護があることは、容易に推測できます。明文規定によって、特恵原産地実務に不慣れな輸入国（途上国）税関職員の不必要な事後確認から米国の輸出者を回避させることを意図し、米国の輸入者については、輸出国における原産性証明の煩わしさを避けるための輸入者自己申告であったのでしょう。

米オマーンFTA　第4.10条（輸入者要件）

　輸入者が関税上の特恵待遇を要求する場合、輸入者は、

（a）産品が関税上の特恵待遇資格を有することを証明したものとみなし、かつ、

（b）求められた場合には、輸入国税関当局に対して当該産品が原産品であることを示す理由（成育、生産又は製造に係る情報等を含む）を述べた申告書（declaration）を提出しなければならない。（略）

　輸入締約国は、上記（a）に規定するみなし証明の正確性を疑う理由がある場合、輸入締約国のリスク判定手続きによって特恵待遇要求に対する事後確認を行うことが適当である旨を示す場合、又はランダム方式の確認を行うと場合に限って申告書を求めるべきである。輸入者は、当該産品の輸入の日から5年間、申告書の作成に必要な情報を保持するものとする。

---

②　輸入者自己申告（先進国型）

　これに対し、先進国型では、輸入者の知識又は自らが所持する情報に基づ

いて自己申告を行うことを原則とし、必要であれば、輸入国税関が輸入者に対して産品が原産品である旨の疎明書類（statement）の提出を求めればそれで足ります。すなわち、輸入国税関が事後確認を行う条件等を明示する必要もなく、相手国への相互信頼がこの条文の背景にあると考えられます。

> **米豪FTA 第5.12条（特恵待遇の要求）**
> 1．輸入者は、自らの知識又は自らが所持する産品が原産品である旨の情報に基づいて本協定上の特恵待遇の要求を行うことができる。
> 2．各締約国は、輸入者が、求められた場合には、当該産品が原産品であることを示す理由（関連経費及び製造に係る情報等を含む）を述べた疎明書類（statement）の提出を作成すべきことを規定することができる。当該疎明書類は特段の様式を備える必要がなく、可能であるならば、電子様式での提出も可能である。

２．米国の輸入通関制度

米国税関は、2003年３月１日付で国土安全保障省（U.S. Department of Homeland Security）の一部を構成する部局として組織替えされ、入国管理、国境警備、動植物検疫の機能を統合したことで、国境措置の主要な部分に係る執行と手続きをほぼ１部局で実施・管理することになりました。その背景として2001年９月11日の同時多発テロがあり、その時点で米国税関の方針がハイリスク貨物、禁制品、安全を脅かす輸入への対応を中心として資源投入することが決定されました。その結果、輸出入通関に係る一般業務もその影響を強く受け、2001年11月、国際的なサプライチェーンの強化と米国の国境安全の改善を目的とした官民連携の取組みであるCTPAT（Customs Trade Partnership Against Terrorism）が開始され、2020年３月現在で、輸入者、船会社、コンソリデータ、倉庫管理者、通関業者、製造業者等１万1,400社が参加し、米国の輸入総額の52％を占めるに至っています[17]。参加事業者には厳格なコンプライアンス遵守が求められる代わりに低リスクと認定され、輸

入港での貨物検査頻度が低くなります。この他にも、マニフェスト情報の米国税関への通報を義務付けた「船積24時間前ルール」、輸入者に報告義務を拡大した「10＋2ルール」等がありますが、本書では詳細に触れません。

　米国の輸入通関には、商業輸入（Formal entry）、略式輸入（Informal entry）及び略式輸入の一部としての「セクション321」輸入[18]の３形式においてそれぞれ異なる手続きがあります。商業輸入は2,500米ドル超の商業貨物、略式輸入は2,500米ドル以下の少額又は個人輸入貨物、セクション321輸入は800米ドル未満のeコマース商品に適用されます。略式輸入の場合には、貨物の引取り時に関税額等の清算が行われ、保証証券を提出する必要もありません。

　米国の輸出入は、ACE（Automated Commercial Environment）と呼ばれるシステム通関によって処理されます[19]。ACEは、米国税関、他の政府機関（Partner Government Agencies：PGAs）及び事業者によって使用される、貨物の輸出入に関する情報を追跡するための統合システムで、事業者は電子的に様式、データ、電子書類を提出でき、また、米国税関は電子的に事業者に関する情報や税関が求める書類を検索し、審査できます。

　ACEによる通関には２通りの手段があり、一つは有料であらゆる電子的手段でのデータ交換を可能とするEDI方式によるもので、以下に述べる**貨物の引取申告（Entry・エントリー）**と**貨物の納税・統計申告（Entry summary・エントリーサマリー）**を行うために必要となります。もう一つは、米国税関及びその他の政府機関に接続することを主目的とした、無料でネット上のアクセス・ポイントとなるポータル方式によるものです。

　米国のACEによる一般的な商業輸入通関は次の３段階を経ます。

＜第１段階＞貨物の引取申告（Filing Entry）

　貨物の米国港湾への到着日から15暦日以内に、以下のエントリー書類を提出します（到着日前の提出も可能）。当該貨物は、検査を経て（又は検査を省略して）関連法令に違背がない場合には引き取ることができます。

　＊　- エントリー・マニフェスト（CBP Form 7533：５トン未満の船舶、フェリー、鉄道、車両等用のInward Cargo Manifest）、または、

- エントリー申告書（CBP Cargo 3461：Entry/Immediate Delivery）
  （即時引取の許可申請を兼ねる）(**図表５－３**参照)、または、
- その他税関長が定める貨物引取フォーム
* 貨物の引取権利者である証拠（船荷証券等）
* インボイス又はプロフォーマ・インボイス
* パッキング・リスト（適当である場合）
* その他必要な書類

　即時引取の許可申請は特別な許可を要する貨物の引取申告書としても使用され、エントリー申告書と同じフォームですが、第９欄（エントリー・タイプ）に「01」と記入すれば通常の国内引取申告書となり、「02」と記入すれば関税割当・輸入ビザに該当する貨物の特別な許可を求める引取申告書として取り扱われます。

　エントリー申告書（CBP Form 3461）が適正に提出されることが前提となりますが、「**エントリーの時**」として認められるのは一律ではなく、以下のとおりです。

i　　国内引取許可（release）の時、又は

ii　　Form 3461が提出された時：貨物が輸入港に到着済みで、同Formが提出された時に輸入者がその旨をフォーム上で要求した場合、又は

iii　　貨物が輸入港に到着した時：エントリー書類が貨物の到着前に提出されており、同書類が提出された時に輸入者がその旨を書類上で要求した場合。

　例外として、即時許可により国内引取りが認められる場合には、エントリー申告書ではなくエントリーサマリーが推定関税額の担保を添えて適正に提出された時になります。

　「**エントリーの時**」は、**エントリーサマリーの提出に係る起算日**となり、また**貨物に適用される関税率がエントリーの時に有効な関税率**となることから、ステージングで税率が引き下がる特恵税率の適用においても押さえてお

くべき重要な要素となります。ただし、（ⅰ）保税倉庫からの引取りは、蔵出しの時、（ⅱ）輸入港から他の港湾に保税運送される貨物は、輸入港で保税運送が認められた時、（ⅲ）「オーバーキャリー貨物」と呼ばれる国内引取許可前に国内に引き取られたものの90日以内に税関監督下に戻された貨物は、当初のエントリー申告が行われた時になります。

＜第2段階＞貨物の納税・統計申告（Filing Entry Summary）

　貨物の関税分類、関税額等を確定させるための申告であるエントリーサマリー（**CBP Form 7501 - Entry Summary**）（**図表5－4参照**）及び関連書類の提出、並びに関税相当額の担保金供託は、輸入貨物の「**エントリーの日**」から**10稼働日（working days）以内**に行われる必要があります。ただし、関税割当等の特別許可を求める申告が行われた場合には、「国内引取許可（release）の日」から10稼働日以内にエントリー・関連書類及び関税相当額の担保金供託が行われなければなりません。

　2020年3月版の「Business Rules and Process Document（Trade - External）- ACE Entry Summary（Version 10.0）」[20]によると、エントリーサマリーの99％超がEDIを通じてACE通関されています。米国税関へのEDIによるデータ送信を可能にしているインターフェース・システムは、ABI（Automated Broker Interface）と呼ばれるシステムです。エントリーサマリーは「エントリータイプ」によって類型化され、データ交換の効率を向上させており、そのうち「タイプ01-国内引取（消費）」及び「タイプ11-略式」で全てのエントリーサマリーの96％に達します。タイプ01-国内引取（消費）は、通常、商業貨物の国内引取りに対して行われ、多くの場合、**保証証券（Surety bond）**によってコンプライアンスの遵守及び関税・内国税・手数料支払いが担保されます。

　タイプ01-国内引取（消費）エントリーサマリー書類は、以下を含みます。

* 貨物の引取り許可後に発出される輸入者又は通関業者に対するエントリー関連書類への回答
* エントリーサマリー（CBP Form 7501）

＊　関税額、正確な統計又は輸入に係るすべての要件を満たしていること
を判定するために必要なインボイスその他の書類（これらはABIを通じ
ての電子書類の提出により、書面の提出の軽減、免脱が可能）

エントリーサマリーは常にそのまま米国税関に受け入れられるわけではな
く、入力された情報が米国統計局が通常得ている統計情報と齟齬をきたす場
合には、エラーメッセージ的な「統計上の警告（census warning）」が発せら
れます。その場合、警告に従って修正するか、警告を無視して元の情報をそ
のまま再入力することも可能です。また、「書類要求（documents required）」
メッセージが発せられる場合は、米国税関又は関係政府機関が事実を裏付け
る疎明資料を求めていることを示しているので、それらの資料がさらに審査
されます。

＜第３段階＞清算（Liquidation）

米国税関は、エントリーサマリーを審査した後、関税等の価額を確定させ
るために**清算（liquidation）**を行います[21]。<u>清算によって行政措置としての
課税処分はとりあえず完結し、エントリーの日から５年以内に事後調査等に
よって税額の補正が行われない限り最終的なものとなります。</u>連邦規則パー
ト163.11には事後調査手続き（Audit procedures）に係る規定があり、同パー
ト（c）（1）では、「米国税関の事後調査官（CBP auditors）は、事後調査に係る
期間、調査対象の決定について完全な裁量権を有し、米国税関のみによって
決定される十分な取引数の調査を行う」旨規定しています。

書類の保存義務[22]

米国税関の実務として、初期の法律では、エントリー後の書類の義務的な
提出、税関職員によるそれらの審査を、主に関税評価に関連して可能として
いました。1890年になると、関税法が改正され税関職員は関税分類と関税評
価に関する記録の提出と検査を命ずることができるようになります。1890年
から1978年までの間、関税法は税関職員に対し輸入者の輸入貨物に係る「関
税分類又は関税評価に関連する帳簿、文書、記録、会計書類又は通信文」の

検査を可能とします。輸入制限及び禁止に係る法令が制定されるようになると、許容性、コンプライアンスの決定についても、より複雑になってきます。さらに、貨物の輸入量が増えるとエントリー時に検査される貨物量は相対的に減り、米国税関に提出される情報の正確さ、関税関係法令へのコンプライアンスを確保するには通関後の審査と事後調査（post-entry audit）に比重が移されることになります。

1978年税関手続改革法（Customs Procedural Reform Act）

《1978年税関手続改革法》において、輸入貨物の所有者、輸入者、荷受人、又はこれらの者の代理人として輸入する者、又は商品の輸入を行わせた者に対して、「輸入又は商品のエントリーに関連して関税法で求められる書類に含まれる情報に付随し、通常のビジネス遂行において普通であれば保管される記録（陳述書、宣誓書及びその他の文書）を作成し、保存し及び税関の審査と検査に供する」ことを要求することが可能になりました。また、この改正において、義務化された記録の審査範囲が分類・関税評価を超えて、他の関税分野に拡大されることとなり、税関職員の検査、行政上の召喚権限が以下の目的のための質問又は調査のために与えられることになりました。

* エントリーの正確さの確認、
* 関税及び内国税を納付すべき者の決定、
* 罰金、罰則及び没収を課すべき者の決定、又は
* 米国税関が管理する米国法令へのコンプライアンスの確保。

1993年12月8日に署名された《NAFTA実施法（Sections 205及び614-616）》において、文書保存に関する多くの規定が改正され、記録に電子情報が含まれることとなります。

NAFTA実施法のセクション614-616は《税関近代化法》と呼ばれますが、同法において、エントリー手続きの迅速化のために種々の関税法規定が改正されています。すなわち、税関に対し、エントリーの時に求めていた特定の文書又は情報の提出を猶予する権限を与え、その代わりに後日にそれらの記録を

入手できることとしました。これらの文書保存と提出義務は同法のセクション615に規定され、対象となる記録情報は「(a)(1)(A)リスト」として記載され、税関から求められた時に提出できない場合、又は保存していなかった場合に行政罰を課すことができる規定も加わりました。こうした改正を受け、米国税関は実施規則を改正するに至ります（Part 163（19 CFR Part 163））。

書類の保存期間[23]

　書類の保存期間については、原則として、米国税関の実施規則（19 CFR Part 163）に定められる、作成され、保存され、審査及び検査に供されるどのような記録も、輸入申告に関する限り、**エントリーの日から5年間保存**されなければなりません。一方、記録作成を要する行為を行った場合には、当該行為の日から5年間となります。上記原則には、例えば、以下のような例外もあります。

* 　ドローバック申請に関連する記録は支払申請の日から3年目の同日まで保存。
* 　荷受人であって、貨物の所有者又は購入者ではなく、通関士に依頼した者は、簡易申告の日から2年間、当該簡易申告に含まれる商品に関する記録を保存。
* 　米国税関規則が記録の特定形式に対して別途異なる保存期間を定める場合は、当該規則の定めるところによる。例えば、
（タイトル19パート181.12）米国からの輸出に係るNAFTA原産地証明書に関連するすべての補足記録が当該証明書に署名された日から5年間維持されるべき。

図表5－3：CBP Form 3461 - Entry/Immediate Delivery 1/2

DEPARTMENT OF HOMELAND SECURITY
U.S. Customs and Border Protection

OMB No. 1651-0024
Exp. 08-31-2018

ENTRY/IMMEDIATE DELIVERY
19 CFR 142.3, 142.16, 142.22, 142.24, 149.3

HEADER INFORMATION

1. PORT OF ENTRY:	2. BOND TYPE: ☐ Single Transaction Bond ☐ Continuous Bond ☐ No Bond Required	3. IMPORTER NUMBER: ☐ IRS ☐ SSN ☐ CBP Assigned	4. IMPORTER NAME AND ADDRESS:
5. ENTRY NUMBER:	6. BOND VALUE:	7. ENTRY VALUE:	8. CES:
9. ENTRY TYPE:	10. ORIGINATING WHSE ENTRY NUMBER (For Entry Type 22 Only):		11. SURETY CODE:
12. PORT OF UNLADING:	13. MODE OF TRANSPORTATION: ☐ Air ☐ Ocean ☐ Rail ☐ Truck ☐ Hand Carry ☐ Pipeline ☐ Other	14. LOCATION OF GOODS (FIRMS):	
15. G.O. NUMBER:	16. CONVEYANCE NAME/FTZ ZONE ID:		

HEADER REFERENCE INFORMATION

17. REFERENCE ID CODE:	18. REFERENCE ID NUMBER (UP TO 50 CHARACTERS):

HEADER PARTIES (MUST APPLY TO ENTIRE ENTRY; IF NOT, SKIP TO LINE INFORMATION

19. HEADER PARTY TYPE:	20. HEADER PARTY TYPE NAME/ADDRESS	21. HEADER ID #, IF APPLICABLE
☐ Manufacturer ☐ Buying Party ☐ Consignee ☐ Selling Party		☐ IRS ☐ SSN ☐ CBP Assigned
☐ Manufacturer ☐ Buying Party ☐ Consignee ☐ Selling Party		☐ IRS ☐ SSN ☐ CBP Assigned
☐ Manufacturer ☐ Buying Party ☐ Consignee ☐ Selling Party		☐ IRS ☐ SSN ☐ CBP Assigned
☐ Manufacturer ☐ Buying Party ☐ Consignee ☐ Selling Party		☐ IRS ☐ SSN ☐ CBP Assigned

22. CERTIFICATION	23. CBP USE ONLY
I hereby make application for entry/immediate delivery. I certify that the above information is accurate, the bond is sufficient, valid, and current, and that all requirements of 19 CFR Part 142 have been met.	☐ OTHER AGENCY ACTION REQUIRED, NAMELY:
SIGNATURE OF APPLICANT:	
PHONE NUMBER: DATE:	☐ CBP EXAMINATION REQUIRED.
BROKER OR OTHER GOVT. AGENCY USE	☐ ENTRY REJECTED, BECAUSE:
	DELIVERY AUTHORIZED: SIGNATURE: DATE:

Paperwork Reduction Act Statement: An agency may not conduct or sponsor an information collection and a person is not required to respond to this information unless it displays a current valid OMB control number and an expiration date. The control number for this collection is 1651-0024. The estimated average time to complete this application is 15 minutes. If you have any comments regarding the burden estimate you can write to U.S. Customs and Border Protection, Office of Regulations and Rulings, 90 K Street, NE, Washington DC 20229.

CBP Form 3461 (02/16)

図表５－３：CBP Form 3461 - Entry/Immediate Delivery 2/2

24. LINE INFORMATION

LINE 1 HTS CODE: 1. 2.	HTS / COMMERCIAL / DESCRIPTION: ☐ HTS ☐ Commercial/Invoice Description:	LINE ITEM QUANTITY: FTZ FILING DATE:	VALUE: 1. 2.

COUNTRY OF ORIGIN:		ZONE STATUS: ☐ P ☐ N	

LINE PARTY TYPE: ☐ Manufacturer ☐ Buying Party ☐ Consignee ☐ Selling Party	LINE NAME/ADDRESS:	LINE ID NUMBER, IF APPLICABLE: ☐ IRS ☐ SSN ☐ CBP Assigned

LINE 2 HTS CODE: 1. 2.	HTS / COMMERCIAL / DESCRIPTION: ☐ HTS ☐ Commercial/Invoice Description:	LINE ITEM QUANTITY: FTZ FILING DATE:	VALUE: 1. 2.

COUNTRY OF ORIGIN:		ZONE STATUS: ☐ P ☐ N	

LINE PARTY TYPE: ☐ Manufacturer ☐ Buying Party ☐ Consignee ☐ Selling Party	LINE NAME/ADDRESS:	LINE ID NUMBER, IF APPLICABLE: ☐ IRS ☐ SSN ☐ CBP Assigned

LINE 3 HTS CODE: 1. 2.	HTS / COMMERCIAL / DESCRIPTION: ☐ HTS ☐ Commercial/Invoice Description:	LINE ITEM QUANTITY: FTZ FILING DATE:	VALUE: 1. 2.

COUNTRY OF ORIGIN:		ZONE STATUS: ☐ P ☐ N	

LINE PARTY TYPE: ☐ Manufacturer ☐ Buying Party ☐ Consignee ☐ Selling Party	LINE NAME/ADDRESS:	LINE ID NUMBER, IF APPLICABLE: ☐ IRS ☐ SSN ☐ CBP Assigned

LINE 4 HTS CODE: 1. 2.	HTS / COMMERCIAL / DESCRIPTION: ☐ HTS ☐ Commercial/Invoice Description:	LINE ITEM QUANTITY: FTZ FILING DATE:	VALUE: 1. 2.

COUNTRY OF ORIGIN:		ZONE STATUS: ☐ P ☐ N	

LINE PARTY TYPE: ☐ Manufacturer ☐ Buying Party ☐ Consignee ☐ Selling Party	LINE NAME/ADDRESS:	LINE ID NUMBER, IF APPLICABLE: ☐ IRS ☐ SSN ☐ CBP Assigned

BILL OF LADING INFORMATION (Use additional block below for a second Bill of Lading)

25. ☐ Non-AMS	26. ☐ Split Bill	27. BOL TYPE: ☐ In-Bond ☐ Master ☐ House ☐ Regular/Simple	28. SCAC/CARRIER ID:

29. IN-BOND NUMBER:	30. BOL NUMBER:	31. QUANTITY:	32. UNIT OF MEASURE:

SECOND BILL OF LADING BOL TYPE: ☐ In-Bond ☐ Master ☐ House ☐ Regular/Simple			SCAC/CARRIER ID:
IN-BOND NUMBER:	BOL NUMBER:	QUANTITY:	UNIT OF MEASURE:

33. VOYAGE/FLT/TRIP:	34. CONVEYANCE:	35. ARRIVAL DATE:

CBP Form 3461 (02/16)

図表 5 − 4：CBP Form 7501 – Entry Summary

DEPARTMENT OF HOMELAND SECURITY
U.S. Customs and Border Protection

OMB APPROVAL NO. 1651-0022
EXPIRATION DATE 01/31/2021

ENTRY SUMMARY

1. Filer Code/Entry Number	2. Entry Type	3. Summary Date	4. Surety Number	5. Bond Type	6. Port Code	7. Entry Date

8. Importing Carrier	9. Mode of Transport	10. Country of Origin	11. Import Date

12. B/L or AWB Number	13. Manufacturer ID	14. Exporting Country	15. Export Date

16. I.T. Number	17. I.T. Date	18. Missing Docs	19. Foreign Port of Lading	20. U.S. Port of Unlading

21. Location of Goods/G.O. Number	22. Consignee Number	23. Importer Number	24. Reference Number

25. Ultimate Consignee Name *(Last, First, M.I.)* and Address	26. Importer of Record Name *(Last, First, M.I.)* and Address
Street	Street
City　　　State　　　Zip	City　　　State　　　Zip

27. Line No.	28. Description of Merchandise			32. A. Entered Value B. CHGS C. Relationship	33. A. HTSUS Rate B. AD/CVD Rate C. IRC Rate D. Visa Number	34. Duty and IR Tax	
	29. A. HTSUS No. B. AD/CVD No.	30. A. Gross Weight B. Manifest Qty.	31. Net Quantity in HTSUS Units			Dollars	Cents

Other Fee Summary *(for Block 39)*	35. Total Entered Value	**CBP USE ONLY**		**TOTALS**
	$	A. LIQ Code	B. Ascertained Duty	37. Duty
	Total Other Fees	REASON CODE	C. Ascertained Tax	38. Tax
	$			

36. Declaration of Importer of Record (Owner or Purchaser) or Authorized Agent		D. Ascertained Other	39. Other

I declare that I am the ☐ Importer of record and that the actual owner,
purchaser, or consignee for CBP purposes is as shown above, **OR** ☐ owner

	E. Ascertained Total	40. Total

or purchaser or agent thereof. I further declare that the merchandise ☐ was obtained pursuant to a purchase or agreement to purchase and that the prices set forth in the invoices are true, **OR** ☐ was not obtained pursuant to a purchase or agreement to purchase and the statements in the invoices as to value or price are true to the best of my knowledge and belief. I also declare that the statements in the documents herein filed fully disclose to the best of my knowledge and belief the true prices, values, quantities, rebates, drawbacks, fees, commissions, and royalties and are true and correct, and that all goods or services provided to the seller of the merchandise either free or at reduced cost are fully disclosed.
I will immediately furnish to the appropriate CBP officer any information showing a different statement of facts.

41. Declarant Name *(Last, First, M.I.)*	Title	Signature	Date

42. Broker/Filer Information Name *(Last, First, M.I.)* and Phone Number	43. Broker/Importer File Number

3．日米貿易協定上の米国原産地規則手続き

　日米貿易協定に関して米国で実施された法的な措置は、大統領布告第9974号が2019年12月26日に公布され、本協定が米国において2020年1月1日から発効することが決定されました。さらに2019年12月30日には、本協定を実施するための連邦官報(84 FR 72187)が発行されました。米国でFTAを実施する場合には、通常、協定条文をそのまま国内法に置き換えて国内法を執行する形式が採られます。日米貿易協定についても同様に、米国国際貿易委員会(US International Tariff Commission)が発行する「米国関税率表(Harmonized Tariff Schedule (HTS) of the United States)(2020年3月Rev.5)」における**一般的注釈36(米国と日本国との貿易協定)** の規定が新設されています。同一般的注釈36(a)には、以下の規定が置かれ、

> 2019年10月7日に合意された米国と日本国との貿易協定の定める原産品は、別表及び第99類第21節(Subchapter)に定める関税率を適用する。本注釈の適用において、米国と日本国との貿易協定附属書Ⅱに定義される日本国の原産品は、米国の関税領域に輸入され、第1欄のうち「特別」欄に括弧書きで「JP」と記載がある関税率の申告があった場合は、当該税率及び第1欄の税率の「特別」欄に規定される数量制限が適用される。

　さらに、米国関税率表の8桁細分の一部しか譲許されていないエアコン部品については関税率表本体には記載されず、**第99類第21節(米国と日本国との貿易協定)** に独立して記載されています。

> 1．本節の規定は、一般的注釈36の要件の下で輸入される場合及び本節の9921.01.01及び9921.01.02の細分に記載される場合に適用される米国と日本国との貿易協定に従った本関税率表の諸規定の修正を含む。ここに明記されない限り、これらの細分は、一般的注釈36の要件の下で、「JP」が併記されている関税率が適用される日本国産品に対して適用される。当該細分に記載さ

れる日本国の原産品で米国の関税領域に輸入されるものは、関税率表に規定される関税率にかかわらず、ここに規定される関税率が適用される。

	第84.15項のエアコン部品(8415.90.80)で、湿度を別途調整することができないエアコンの部品を含む。	
9921.01.01	自動車用エアコン	1.4%　（JP）
9921.01.02	その他	Free　（JP）

　米国の既存のFTAは、米国関税率表の一般的注釈に原産地規則部分がそのまま規定されていますが、日米貿易協定の原産地規則は全く掲載されていません。一方、パラグラフ11から16の6カ条で構成される日米貿易協定の米国原産地規則手続は、パラグラフ11から15までが一般的注釈36の（b）に取り込まれています。パラグラフ16は相談窓口設置に係る一般的な行政手続規定であることから、同注釈には規定として置かれていません。

　パラグラフ11は、**輸入者自己申告**を採用し、自らの知識又は自らが所持する情報に基づき米国関税率表に掲げられる産品に対して、輸入者が関税上の特恵待遇を求めることができることを定めており、1（2）（米国FTAにおける自己申告のタイプ）で述べたとおり「先進国型」となっています。

　パラグラフ12、13は、**米国のACE通関での要件を協定で裏付ける**ものと考えられます。すなわち、パラグラフ12で求められる「産品が原産品である旨の陳述を輸入関連書類の一部において行う」ことは、CBP Form 7501の第27欄に「JP」の記載をすることと解釈できます（**図表5－5**参照）。これは、2020年1月9日付の米国税関ウェブサイト上の日米貿易協定の実施に係る告知文書[24]からも明らかです。

　2020年1月14日以降において、ACEは新たな特別プログラム指標である「JP」を特恵対象関税番号のプレフィックス(接頭語)として認める。本協定の下で関税上の特恵待遇を要求する輸入者は、エントリー（サマリー）において、特別プログラム指標である「JP」を当該特恵待遇を要求するそれぞれの原産資格を有する産品の関税番号のプレフィックス（接頭語）として入力しなければならない。

　日米貿易協定に基づく関税上の特恵待遇を要求するためには、以下の要件を満

たす必要がある。

① **原産国は、**「JP」と入力。

② **輸出国は、**「JP」と入力。

③ ACEのシステム上の準備が整った後は、特恵待遇の要求のために特別プログラム指標「JP」を原産資格を有する産品の**関税番号の前**に入力。

④ 本協定に基づく関税上の特恵待遇の要求は、商業貨物税関使用料（Merchandise Processing Fee：MPF）（クラス・コード499及び311）を免除するものではない。

⑤ 日本国からの牛肉の関税割当の配分は、以下のとおり変更される。

⁂ 日本国に対する牛肉の国別割当（200,000kg）は廃止され、「その他国」に追加される。本改正は、「その他の国又は地域」枠を65,005,000kgに引き上げる。

＊ 引取申告手続きに変更はない。ACE関税割当モジュールは、資格を満たした日本国からの牛肉を「その他の国又は地域」枠として処理する。

パラグラフ13は、産品が原産品としての資格を有する理由（関連する生産工程の情報を含む）を述べた**疎明文書の提出を米国税関が輸入者に要求できる**としており、同パラグラフを受けた米国関税率表一般的注釈36（b）（ⅲ）では

> 米国税関の担当職員から要請があった場合には、産品が原産品としての資格を有する旨の要求の根拠を述べた陳述を提出できるように準備しなければならない

と規定しています。これは、エントリーサマリーの審査及びエントリーサマリー提出後の修正等、清算が確定するまでの間において疎明資料の提出を輸入者に要求ができることと符合します。また、様式性を廃し、電子的に提出することができることを明記しているのも、ACE通関の要件と整合性を取ったものと考えられます。

「確認」の定義が置かれていないので単なる説明の整理上の問題ですが、パ

ラグラフ13が確認手続きを規定しているのか否かについては議論の余地があります。我が国の自己申告制度においては、産品の原産性審査に関しては通関時に短時間で包括的な通関審査が行われ、通関後に、通関審査で説明の十分でなかった貨物を中心に事後確認が実施され、関税債権が時効にかからない貨物が調査・立件対象になります。一方、米国ではエントリーサマリーの内容についてじっくりと腰を据えて行う審査が通関審査であり、清算後の事後調査が確認作業といえなくもありません。

パラグラフ14は、明らかな**確認**（verification）規定といえます。なぜならば、協定では、産品が原産品であって関税上の特恵待遇の資格がある旨を明らかにするために必要な情報又は書類を求めることができることを規定しているのみですが、一般的注釈36(b)(iv)においては、より明確に

> 例えば、輸入者に対して追加情報または**確認**（verification）に関連するその他の関連情報を要求することによって

と具体的な検証方法が規定されています。パラグラフ13と異なる点は、本規定には「誰に」対して求めるかが特定されていないことです。米国では累次にわたる法改正によって書類保存義務の範囲が拡大されてきており、例えば、米国関税領域に輸入される貨物の所有者、輸入者、荷受人、関税を支払う者、通関申告の提出者その他について保存義務が発生します[25]。したがって、これらの者はエントリーの日から5年間、輸入関連書類の保存義務を負うので、パラグラフ14は対象者を輸入者に限定せずに、法令で許容される上記対象者に対して事後確認を実施できると考えられます。

また、パラグラフ14は、日米貿易協定の特徴的な規定として、これまでの米国の輸入者自己申告にはなかった「輸出者又は生産者からの米国税関への直接的な資料提供」を可能にしています。この点において、生産者が社外秘とするような使用材料の価額情報を輸入者を介せずに直接相手国（米国）税関に提出することができるとしたことは、日米貿易協定の活用促進の観点からは大きな意義を持ちます。

パラグラフ15は、**特恵否認に係る要件**を明確化しており、日米においてほ

ぼ同じ文言が規定されています。米国税関は、

(a) 当該産品が関税上の特恵待遇の資格を有しないことを決定する場合、
(b) パラグラフ14に従って、当該産品が関税上の特恵待遇の資格を有する
　ことを決定するに十分な情報を得られなかった場合、又は
(c) 輸入者が原産地規則及び原産地手続きの要件に従わなかった場合

においてのみ、日米特恵税率適用が否認されることになります。
　パラグラフ16は、本協定に基づく関税上の特恵待遇の実施又は適用に関す
るどのような案件についても関係者からの照会に対応する一つ又は複数の相
談窓口を設置又は維持しなければならず、そのような照会を行うための手続き
に関する情報をウェブサイトに公開しなければならないと規定しています。

日米貿易協定上の米国原産地規則手続き

パラグラフ11
　米国は、産品が原産品であることについて自らの知識又は自らが所持する情
報に基づき米国関税率表に掲げられる産品に対して、輸入者が関税上の特恵待
遇を求めることができる旨を定める。

パラグラフ12
　米国は、輸入者が関税上の特恵待遇を要求するに当たって、産品が原産品で
ある旨の陳述を輸入関連書類の一部において行わなければならない。

パラグラフ13
　米国は、輸入者が求めに応じて産品が原産品としての資格を有する理由（関
連する生産工程の情報を含む。）を述べた疎明文書を提出すべきことを要求で
きる。当該疎明文書は所定の様式である必要はなく、可能な場合には電子的に
提出することができる。

パラグラフ14
　米国は、産品が原産品であって関税上の特恵待遇の資格がある旨を明らかに
するために必要な情報又は書類を求めることができる。輸入者は、輸出者又は
生産者からそのような情報又は書類を米国に対して直接提供させることがで

きる。

パラグラフ15

米国は、次の場合に関税上の特恵待遇の要求を否認することができる。

図表5−5：米国における原産品申告要件
U.S. CBP Form 7501 – Entry Summary

DEPARTMENT OF HOMELAND SECURITY
U.S. Customs and Border Protection

OMB APPROVAL NO. 1651-0022
EXPIRATION DATE 01/31/2021

ENTRY SUMMARY

1. Filer Code/Entry Number	2. Entry Type	3. Summary Date	4. Surety Number	5. Bond Type	6. Port Code	7. Entry Date

8. Importing Carrier	9. Mode of Transport	10. Country of Origin — Japan	11. Import Date

12. B/L or AWB Number	13. Manufacturer ID	14. Exporting Country — Japan	15. Export Date

16. I.T. Number	17. I.T. Date	18. Missing Docs	19. Foreign Port of Lading	20. U.S. Port of Unlading

21. Location of Goods/G.O. Number	22. Consignee Number	23. Importer Number	24. Reference Number

25. Ultimate Consignee Name *(Last, First, M.I.)* and Address

Street

City　　State　　Zip

26. Importer of Record Name *(Last, First, M.I.)* and Address

Street

City　　State　　Zip

27. Line No.	28. Description of Merchandise			32. A. Entered Value B. CHGS C. Relationship	33. A. HTSUS Rate B. AD/CVD Rate C. IRC Rate D. Visa Number	34. Duty and IR Tax
	29. A. HTSUS No. B. AD/CVD No.	30. A. Gross Weight B. Manifest Qty.	31. Net Quantity in HTSUS Units			Dollars　Cents
001 JP	8544.60.2000					
JP	8544.60.4000					

「Japan」を第10欄、14欄に

第27欄のライン番号の直下に「JP」を右寄せで入力。
第29欄に「JP」と同列になるようにHS番号（10桁）を
左寄せで入力。（例 8544.60.2000）

Other Fee Summary *(for Block 39)*	35. Total Entered Value $	**CBP USE ONLY**		**TOTALS**
	Total Other Fees $	A. LIQ Code	B. Ascertained Duty	37. Duty
		REASON CODE	C. Ascertained Tax	38. Tax
36. Declaration of Importer of Record (Owner or Purchaser) or Authorized Agent			D. Ascertained Other	39. Other
			E. Ascertained Total	40. Total

I declare that I am the ☐ Importer of record and that the actual owner, purchaser, or consignee for CBP purposes is as shown above, OR ☐ owner or purchaser or agent thereof. I further declare that the merchandise ☐ was obtained pursuant to a purchase or agreement to purchase and that the prices set forth in the invoices are true, OR ☐ was not obtained pursuant to a purchase or agreement to purchase and the statements in the invoices as to value or price are true to the best of my knowledge and belief. I also declare that the statements in the documents herein filed fully disclose to the best of my knowledge and belief the true prices, values, quantities, rebates, drawbacks, fees, commissions, and royalties and are true and correct, and that all goods or services provided to the seller of the merchandise either free or at reduced cost are fully disclosed.
I will immediately furnish to the appropriate CBP officer any information showing a different statement of facts.

41. Declarant Name *(Last, First, M.I.)*	Title	Signature	Date

42. Broker/Filer Information Name *(Last, First, M.I.)* and Phone Number　　43. Broker/Importer File Number

（a）米国が当該産品が関税上の特恵待遇の資格を有しないことを決定する場合、

（b）パラグラフ14に従って、米国が当該産品が関税上の特恵待遇の資格を有することを決定するに十分な情報を得られなかった場合、又は

（c）輸入者が原産地規則及び原産地手続きの要件に従わなかった場合

パラグラフ16

米国は、本協定に基づく関税上の特恵待遇の実施又は適用に関するどのような案件についても関係者からの照会に対応する一つ又は複数の相談窓口を設置又は維持しなければならず、そのような照会を行うための手続きに関する情報をウェブサイトに公開しなければならない。

４．米国原産地規則適用上の合理的な注意（Reasonable care）

　米国の税関近代化法においてコンプライアンスの徹底と責任の共有の概念が導入されたことはすでに述べました。米国税関は関税関係法令上、事業者が有する権利義務について明確かつ完全な周知を行う義務があり、米国税関と事業者とで法令執行に伴う責任を共有することになります。その例として、輸入者は、輸入申告、関税分類、関税評価等の要件を正確に満たすべく合理的な注意（reasonable care）を払う責任を負います[26]。したがって、輸入者が合理的な注意を怠った場合には通関の遅延及び罰則の適用に至ることもありえます。こうした観点から、米国税関が「合理的な注意」として原産地規則等に関する周知文書[27]を発行しているので、関連部分（原産地表示を除く）を以下に引用します。

＜基本的な質問＞輸入された商品の正確な原産国を確認するために信頼できる措置を採っていますか？

１．税関への輸入申告文書への正確な原産国記載を確保するための信頼で

きる手続きを確立していますか？（基本的な情報は、19 C.F.R. Part 134,
Subparts B and Eを参照）

2．**商品の原産国に関する米国税関の事前教示を取得していますか？その場
合、当該教示に従いその旨を申告に反映させることを確保するための信頼
できる手続きを確立していますか？**（原産国の事前教示は、輸入される産
品の原産国を決定し、特恵税率適用の可否を決定します。産品の原産国は、
当該産品の生産に係る諸工程が行われた国によって左右されるので、事前
教示の申請に当たっては、（ⅰ）各材料が生産又は収穫された国、（ⅱ）各生
産工程が行われた国を明示してください。申請は、eRulingsのテンプレー
トにアクセルし、電子的に送付することが可能です。ソフトウェアの都合
で技術的に送付できない場合には、郵送になります）

3．正確な原産国判断を行うに際して税関「専門家」（例えば、弁護士、通関
士又は税関コンサルタント）に相談しましたか？

4．商品の原産国の変更を要求する場合、又は産品が米国原産であることを
主張する場合において、要求を立証するための要件となる措置を講じまし
たか？（米国製粉証明、米国内での生産を証言する宣誓供述書の取得等）

5．繊維製品を輸入する場合において、19 U.S.C. § 3592（Section 334, Pub.
Law 103-465）に従った正確な原産国を確認すること、及び違法な輸送又は
虚偽・詐欺的な行為に関与していないことを明確にすることを確保するた
めの信頼できる手続きを構築しましたか？

6．**産品が原材料から製品にいたるまでどのように、誰によって、どこで生
産されたかを承知していますか？**

7．米国税関の関税割当執行・管理ウェブサイト及び税関周知文書「私の産
品に関税割当が適用されますか？」を確認しましたか？

8．輸入産品が数量制限（関税割当又はTPL：tariff preference level）品目
であるのか、当該品目の制限数量に達していないかについて判断するため
に米国税関が発行する商品ステータスレポート、TPL及び／又は割当情報
（Quota Bulletins）をチェックする信頼できる手続きを確立していますか？

9．産品がビザ及び／又はライセンス、許可又は証明書（LPCs：Licenses,
permits or certificates）を必要とするものであるかを確認するために信頼

できる措置を採っていますか？

（https://www.cbp.gov/trade/ace/features/quota-ace参照）

10．繊維製品を輸入する場合、19 C.F.R. § 102.21（b）（5）に列挙されるすべての繊維及び繊維製品の船積みに対して製造者ID（MID）コードを正確に構成するための信頼できるプログラムを準備又は開発しましたか？

11．**必要なエントリー書類及び原産地証明書又は証明文書を含む補足資料の提出が可能であることを確認するための信頼できる文書管理プログラム又は手続きを確立しましたか？**

　上記の事項のうち、第２項、第６項、第11項は一般的な内容を取り上げているもので、輸出者としての我が国の事業者も「当然、協力を求められる」事項と考えます。直接的には第６項の産品の生産工程に係る情報共有が求められるので、米国の輸出先に知られてもよい情報と米国税関に直接送付すべき情報を整理しておく必要があります。

【参考資料：米国が締結したFTAの自己申告関連条文抜粋】

（筆者による仮訳）

Ａ．輸出者自己申告

米イスラエルFTA パラグラフ９

9．本協定の下で輸入されるすべての製品は、付記されている規則に従って記入され輸出者によって署名された証明書によって証明されなければならない（見本は本附属書に添付されている。）。証明書は、記載された製品が輸出される製品と同一であることを示す十分な情報、締約国における付加価値の百分率に関する申述を含むものとし、当該製品が本協定に規定される原産地要件に従ったものであることが求められる。証明書は、輸入締約国の国内法令に従い、税関当局に提出される。（略）

NAFTA 第501条（原産地証明書）

1．締約国は、1994年1月1日までに、一の締約国から他の締約国に輸出される産品が原産品であることを証明することを目的とする原産地証明書を創設する。締約国は、以後、合意によって証明書を改訂することができる。

2．締約国は、自国の領域に輸入される産品の原産地証明書が国内法の定める言語によって記載されることを求めることができる。

3．各締約国は、

　　a）自国の輸出者に対し、他の締約国の領域への産品の輸入に際して輸入者が関税上の特恵待遇を要求するかもしれない当該産品の輸出のために原産地証明書を作成し、署名することを求め、かつ

　　b）（略）

4．パラグラフ3の規定は、生産者に対して原産地証明書を輸出者に提供することを要求するものと解釈されてはならない。

B．輸入者自己申告

1．中東型：輸入申告での特恵税率の要求が原産性を証明したものとみなす。事後確認の実施は明確かつ限定的な場合のみ

米ヨルダンFTA パラグラフ10

10．輸入者が本協定による関税上の特恵資格を有する製品を輸入する場合、

　　（a）輸入者は、当該製品が本協定に規定される関税上の特恵待遇資格を有することを証明したものとみなし、かつ、

　　（b）求められた場合には、輸入国税関当局に対して当該製品の生産又は製造に係るすべての関連情報を記載した申告書（declaration）を提出しなければならない。（略）

　　　　当該申告書は、輸入締約国の要請があった場合、輸入者によって用意され、署名され、提出されなければならない。輸入締約国は、上記（a）に規定するみなし証明の正確性を疑う理由がある場合、輸入締約国の輸入者又は輸入貨物の不正輸入に係るリスク判定手続きによって特恵待遇要求に対する事後確認を

行うことが適当である旨が示される場合、又はランダム方式の確認を行う場合に限って申告書を求めるべきである。輸入者は、当該産品の輸入の日から５年間、申告書の作成に必要な情報を保持するものとする。

米モロッコFTA 第5.10条（輸入者要件）

輸入者が関税上の特恵待遇を要求する場合、輸入者は、

（a）産品が関税上の特恵待遇資格を有することを証明したものとみなし、かつ、

（b）求められた場合には、輸入国税関当局に対して当該産品が原産品であることを示す理由（成育、生産又は製造に係る情報等を含む）を述べた署名した申告書（declaration）を提出しなければならない。（略）

　輸入締約国は、上記（a）に規定するみなし証明の正確性を疑う理由がある場合、輸入締約国のリスク判定手続きによって特恵待遇要求に対する事後確認を行うことが適当である旨が示される場合、又はランダム方式の確認を行う場合に限って申告書を求めるべきである。輸入者は、当該産品の輸入の日から５年間、申告書の作成に必要な情報を保持するものとする。

米バーレーンFTA 第4.10条（輸入者要件）

輸入者が関税上の特恵待遇を要求する場合、輸入者は、

（a）産品が関税上の特恵待遇資格を有することを証明したものとみなし、かつ、

（b）求められた場合には、輸入国税関当局に対して当該産品が原産品であることを示す理由（成育、生産又は製造に係る情報等を含む）を述べた申告書（declaration）を提出しなければならない。（略）

　輸入締約国は、上記（a）に規定するみなし証明の正確性を疑う理由がある場合、輸入締約国のリスク判定手続きによって特恵待遇要求に対する事後確認を行うことが適当である旨が示される場合、又はランダム方式の確認を行う場合に限って申告書を求めるべきである。輸入者は、当該産品の輸入の日から５年間、申告書の作成に必要な情報を保持するものとする。

米オマーンFTA 第4.10条（輸入者要件）

輸入者が関税上の特恵待遇を要求する場合、輸入者は、

（a）産品が関税上の特恵待遇資格を有することを証明したものとみなし、かつ、

（b）求められた場合には、輸入国税関当局に対して当該産品が原産品であることを示す理由（成育、生産又は製造に係る情報等を含む）を述べた申告書（declaration）を提出しなければならない。（略）

　　輸入締約国は、上記（a）に規定するみなし証明の正確性を疑う理由がある場合、輸入締約国のリスク判定手続きによって特恵待遇要求に対する事後確認を行うことが適当である旨が示される場合、又はランダム方式の確認を行う場合に限って申告書を求めるべきである。輸入者は、当該産品の輸入の日から5年間、申告書の作成に必要な情報を保持するものとする。

2．先進国型：輸入者の知識による自己申告

米豪FTA 第5.12条（特恵待遇の要求）

1．輸入者は、自らの知識又は自らが所持する産品が原産品である旨の情報に基づいて本協定上の特恵待遇の要求を行うことができる。

2．各締約国は、輸入者が、求められた場合には、当該産品が原産品であることを示す理由（関連経費及び製造に係る情報等を含む）を述べた疎明文書（statement）の提出を作成すべきことを規定することができる。当該意見書は特段の様式を備える必要がなく、可能な場合には電子様式での提出も可能である。

米シンガポールFTA 第3.13条（特恵待遇の要求）

1．輸入者は、自らの知識又は自らが所持する産品が原産品である旨の情報に基づいて本協定上の特恵待遇の要求を行うことができる。

2．各締約国は、輸入者が、求められた場合には、当該産品が原産品であることを示す理由（関連経費及び製造に係る情報等を含む）を述べた疎明文書（statement）の提出を作成すべきことを規定することができる。当該意見書は特段の様式を備える必要がなく、可能な場合には電子様式での提出も可能である。

日米貿易協定 附属書I パラグラフ9（日本国規則）

9（a）日本国は、この協定に基づく関税上の特恵待遇の要求を行う輸入者に対し、産

品が原産品であることについて輸入の時に申告を行うよう要求することができる。

（b）（a）に規定する申告の要件については、日本国の法令又は手続において定めるものとし、及び利害関係者が知ることができるような方法により公表し、又は入手可能なものとする。

同　附属書Ⅱパラグラフ11から12（米国規則）

11．輸入者は、自らの知識又は自らが所持する産品が原産品である旨の情報に基づいて米国の関税率表に掲げられる産品に対して本協定上の特恵待遇の要求を行うことができる。

12．輸入者は、関税上の特恵待遇を要求するに当たって、産品が原産品である旨の陳述を輸入関連書類の一部において行わなければならない。

Ｃ．輸入者・輸出者・生産者による自己申告

米チリFTA 第4.13条（原産地証明書）

１．輸入者は、産品が原産品であるとの申告に対する確実な根拠を示す原産地証明書を提示することによって第4.12条（1）（b）に基づく要求を満たすことができる。原産地証明書は所定の様式である必要はなく、電子的に提出することもできる。

２．原産地証明書は、当該産品の輸入者、輸出者又は生産者によって作成される。輸出者又は輸入者が当該産品の生産者でない場合、当該輸出者又は輸入者は、以下に基づいて原産地証明書を作成することができる。

（a）生産者によって作成された原産地証明書、又は

（b）当該産品が原産品であることについての輸出者又は輸入者の知識

CAFTA－DR[28]FTA 第4.16条（原産地の要求：Claims of origin）

１．輸入者は、以下のいずれかに基づいて関税上の特恵待遇の要求を行うことができる。

（a）輸入者、輸出者又は生産者による書面又は電子的な証明書、又は

（b）当該産品が原産品であることについての輸入者の知識（当該産品が原産品であることについて輸入者が所持する情報に対する合理的な信頼を含む。）。

米ペルー 第4.15条（関税上の特恵待遇の要求）

1．輸入者は、以下のいずれかに基づいて関税上の特恵待遇の要求を行うことができる。

(a) 輸入者、輸出者又は生産者による書面又は電子的な証明書、又は

(b) 当該産品が原産品であることについての輸入者の知識（当該産品が原産品であることについて輸入者が所持する情報に対する合理的な信頼を含む。）。

米韓FTA 第6.15条（関税上の特恵待遇の要求）

1．輸入者は、以下のいずれかに基づいて関税上の特恵待遇の要求を行うことができる。

(a) 輸入者、輸出者又は生産者による書面又は電子的な証明、又は

(b) 当該産品が原産品であることについての輸入者の知識（当該産品が原産品であることについて輸入者が所持する情報に対する合理的な信頼を含む。）。

米コロンビアFTA 第4.15条（特恵待遇の要求）

1．輸入者は、以下のいずれかに基づいて関税上の特恵待遇の要求を行うことができる。

(a) 輸入者、輸出者又は生産者による書面又は電子的な証明書、又は

(b) 当該産品が原産品であることについての輸入者の知識（当該産品が原産品であることについて輸入者が所持する情報に対する合理的な信頼を含む。）。

米パナマFTA 第4.15条（原産地の要求：Claims of origin）

1．輸入者は、以下のいずれかに基づいて関税上の特恵待遇の要求を行うことができる。

(a) 輸入者、輸出者又は生産者による書面又は電子的な証明書、又は

(b) 当該産品が原産品であることについての輸入者の知識（当該産品が原産品であることについて輸入者が所持する情報に対する合理的な信頼を含む。）。

USMCA 第5.2条（関税上の特恵待遇の要求）

1．輸入者は、一の締約国の領域から他の締約国の領域へ輸出される産品が原産品

であることを証明する目的で、輸出者、生産者、輸入者が作成したCertification of Origin（原産地証明書）を基に特恵待遇の要求を行うことができる。（メキシコについては、輸入者の自己申告は協定発効の日から３年６カ月以内に実施する。）

☕ TEA BREAK

ロールアップ・ロールダウン・トレーシングとは？

「トレーシング方式」とは、原産性判断において、非原産材料を厳密な意味で第三国から輸入された材料として取り扱う方法で、輸入された粗原料が国内で中間材料、最終製品へと加工・製造が進んだとしても、あくまでも輸入原材料としての粗原料を把握した上で、最終製品に適用される品目別規則を適用することになります。

> 1970年代〜1980年代当初では、非原産材料と輸入材はほぼ同義で、トレーシング方式で原産性判断を行なっていた。
>
> ⬇
>
> その後、**バリューチェーンの展開によって中間材料の国内調達・輸出入が行われる**ようになると、中間材料の原産性判断が必要となった。
>
> ⬇
>
> 輸入された中間材料と国内調達された中間材料とを同じように取り扱うために、中間材料の原産性を判断する**ロールアップ・ロールダウン手法**が導入された。

「ロールアップ・ロールダウン」の概念を簡単に説明すると、以下のとおりです。付加価値基準での説明が一番容易ですが、関税分類変更基準にも適用は可能です。

> 中間材料の原産性を判断し、当該中間材料に適用される品目別規則を**満たせば原産材料**（非原産材料を使用したとしても100％原産＝ロールアップ）として、**満たさなければ非原産材料**（原産材料、労賃等の内国付加価値があっても100％非原産〈0％原産〉＝ロールダウン）として取り扱われる。
>
> しかしながら、ある非原産材料をロールダウンしたならば最終産品の付加価値基準の閾値又は関税分類変更を満たせない場合（かつ、デミニミス規定で救済できない場合）に、かつて実施していたトレーシング方式を復活させ、部分的に非原産材料を厳密に判定した上で、産品の原産性を判断する方法。（トレーシング手法の一部復活）

したがって、「ロールアップ・ロールダウン」の概念は、最終産品の原産性判

断に際して、使用材料を原産材料とするか、又は非原産材料とするかの判断に使用されることになります。「トレーシング手法」で生産工程の上流に遡れば原産資格が得られるかもしれませんが、手間とコストがかかります。逆に、実際には国産で「おそらく原産材料」と思われる材料であっても、立証が容易でないならば、あえてロールダウンして非原産材料として取り扱うことも可能です。

（注）

13　1993年12月8日、1930年関税法及び関連法令を修正する「北米自由貿易協定（NAFTA）実施法の第6章（Title VI）」（Pub. L. 103-182, 107 Stat. 2057）として発効。

14　貨物の所有者、購入者、前二者により委任を受けた正規通関業者又は荷受人。Importing into the United States A Guide for Commercial Importers（2006年最終改訂）、US CBP〔https://www.cbp.gov/document/publications/importing-united-states〕

15　NAFTAの前身である米加FTA（1989年1月発効）においても、輸出者自己申告が採用されていました。

16　What Every Member of the Trade Community Should Know About: Entry, An Informed Compliance Publication, March 2004, p.3〔https://www.cbp.gov/sites/default/files/assets/documents/2020-Feb/icp073_3_0.pdf〕（最終検索日：2020年7月1日）

17　CTPAT：Customs Trade Partnership Against Terrorism, CBP website。後に2006年港湾の安全及び説明責任法（The Security and Accountability for Every Port Act of 2006）が制定され、CTPAT実施の法的枠組みを提供し、厳格な要件を課す根拠となった。〔https://www.cbp.gov/border-security/ports-entry/cargo-security/ctpat〕（最終検索日：2020年7月1日）

18　Section 321 Programs, US CBP website。2019年8月にeコマース商品を対象とした「セクション321データ・パイロット」、同年9月にエントリータイプ86を提出することで保証証券及びエントリーサマリーの提出が不要となる「ACEエントリータイプ86」が試験実施されています。〔https://www.cbp.gov/sites/default/files/assets/documents/2019-Sep/Section-321-Data-Pilot-vs-Entry-Type-86-Test_v1-1.pdf〕（最終検索日：2020年7月1日）

19　米国税関ウェブサイトでダウンロードできる資料は、以下のとおり。

【基本的な情報を初心者向けに平易な英文で説明。情報が古い部分があることに留意。

＊　Entry, Informed Compliance Publication（US CBP、2004年３月）

〔https://www.cbp.gov/document/guidance/entry〕（最終検索日：2020年７月１日）

【米国への輸入に係る「手引書」として便利】

＊　Importing into the United States A Guide for Commercial Importers（2006年最終改訂），US CBP

〔https://www.cbp.gov/document/publications/importing-united-states〕（最終検索日：2020年７月１日）

【米国電子通関の概説】

＊　ACE Basics

〔https://www.cbp.gov/sites/default/files/assets/documents/2017-Nov/ACE%20Basics%20-%20November%202017_0.pdf〕（最終検索日：2020年７月１日）

【エントリータイプの概要を簡潔に説明】

＊　ACE Transaction Details

〔https://www.cbp.gov/trade/automated/ace-transaction-details〕（最終検索日：2020年７月１日）

【エントリーサマリーに関連するACE業務を網羅的に解説】

＊　Business Rules and Process Document (Trade - External) - ACE Entry Summary (Version 10.0)、US CBP、序文

〔https://www.cbp.gov/sites/default/files/assets/documents/2020-Mar/ACE-Entry-Summary-Process-Document-External-v10.0.pdf〕（最終検索日：2020年７月１日）

20　Business Rules and Process Document (Trade - External) - ACE Entry Summary (Version 10.0)、US CBP、序文。

〔https://www.cbp.gov/sites/default/files/assets/documents/2020-Mar/ACE-Entry-Summary-Process-Document-External-v10.0.pdf〕（最終検索日：2020年７月１日）

21　§159.1（清算の定義）「清算は、国内引取・消費のための輸入又はドローバックの輸入に賦課される関税の最終的な計算又は確定である。」Title 19, Chapter I, Part 159 (Liquidation of duties)

22　What Every Member of the Trade Community Should Know About: Recordkeeping、An Informed Compliance Publication, January 2005, US CBP

〔https://www.cbp.gov/sites/default/files/assets/documents/2016-Apr/icp027_3.pdf〕
（最終検索日：2020年7月1日）

23　同上。

24　Japan Free Trade Agreement, US CBP website（2020年1月9日から更新されていません。）

〔https://www.cbp.gov/trade/free-trade-agreements/japan〕（最終検索日：2020年7月1日）

25　What Every Member of the Trade Community Should Know About: Recordkeeping、An Informed Compliance Publication, January 2005, US CBP

〔https://www.cbp.gov/sites/default/files/assets/documents/2016-Apr/icp027_3.pdf〕
（最終検索日：2020年7月1日）

26　Section 484 of the Tariff Act, as amended (19U.S.C. § 1484), What Every Member of the Trade Community Should Know About: Reasonable Care、An Informed Compliance Publication, September 2017, US CBP,

〔https://www.cbp.gov/sites/default/files/assets/documents/2020-Feb/icprescare2017revision.pdf〕（最終検索日：2020年7月1日）

27　同上。

28　ドミニカ共和国及び中央アメリカFTA。中央アメリカとは、コスタリカ共和国、エルサルバドル、グアテマラ、ホンジュラス及びニカラグアの5カ国を意味します。

第6章

米国の非特恵原産地規則

　第3章でも言及したとおり、日米貿易協定の米国規則**パラグラフ18(c)で関税分類変更基準を満たさない材料の原産性決定のために適用される米国法**は、上記の原産地表示に係る連邦規則第19巻の第134.35条（製造により実質的に変更した製品）の(a)になります。

> **連邦規則第19巻第134.35条　製造により実質的に変更した製品**
> （a）NAFTA構成国の産品以外の産品。
> 　米国における製造に使用される製品で、輸入された時点での製品の名称、特性又は用途とは異なる名称、特性又は用途に変更されたものは、United States v. Gibson-Thomsen Co., Inc.における判決（27 C.C.P.A. 267（C.A.D. 98））の原則に従うものとする。この原則の下で、輸入された製品を異なる製品に変更又は組み合わせる米国製造業者又は加工業者は、1930年関税法を修正したセクション304(a)（19 U.S.C. 1304(a)）の想定範囲内にある輸入製品の「最終的な購入者」であると考えられ、当該製品はマーキングの対象外となる。輸入された製品の一番外側の容器は、本パートに従って表示されなければならない。

　したがって、関税分類変更基準を満たさない材料として列挙した図表3－4に示される品目の原産性決定のために適用される《連邦規則第19巻第134.35条（製造により実質的に変更した製品）(a)》の「ギブソン・トムセン判決（27 C.C.P.A. 267（C.A.D. 98））の原則」とは何かを理解しなければ産品の原産性判断ができません。本章では、米国税関の「実質的変更」の考え方について、原産地規則の教科書的な文献、米国税関の周知文書、米国議会調査局報告書の分析、国際貿易裁判所判決及び米国税関の事前教示例での判断事例か

ら、他の事例への応用が可能な基本的な判断基準を導きたいと思います。

1. 米国の「実質的変更」定義の由来

　米国は、1カ国で生産が完結している「完全生産品」に加えて、非原産材料を使用した製品の原産国決定について、「実質的変更」を概念的に定義しています。米国の定義は確立した時期が早かったこともあり、他の国における「実質的変更」定義の策定の際の一つのモデルを提供したといえます。

　米国の**《1930年関税法第304条》のマーキング規定**は、「すべての外国製品又はその容器は、米国の最終的な購買者（ultimate purchaser）に対して原産国を知らしめるように表示」されるべきことを求めました。このマーキング要件の適合性を争った裁判において興味深い解釈がなされています。判決によると、「日本製の刻印があるブラシの柄に米国製の荒毛を取り付けた場合に、ブラシの柄の最終的な購買者はブラシ製造者であり、ブラシの購入者である消費者ではない」として、ブラシとして日本製の表示は必要ないとの趣旨であったようです（**関税特許上訴裁判所**（現在の連邦巡回区控訴審）**1940年判決（United States v. Gibson-Thomsen Co）**）。この判決の中で、「**本条は、新たな名称、特性、及び用途を持つ新たな物品の米国での製造に使用された輸入材料には適用されない**」との判断が示されました（27 C.C.P.A. at 273）。これは輸入品のドローバック（再輸出戻し税）に係る1907年の**米国最高裁判決（Anheuser-Busch Brewing Assn. v. United States, 207 U.S. 556（1907）、以下「アンハイザー・ブッシュ判決」という**）を別の言葉で言い換えたものでした。

　米国の原産地法の「実質的変更」基準の起源として知られるアンハイザー・ブッシュ判決では、以下のように判示されています[29]。

　　製造は変化（change）を想起させるが、全ての変化が製造であるわけではない。そして、物品のすべての変化は、処理、労働及び操作の結果である。しかし、Hartranft v. Wiegmann, 121 U.S. 609で示されたように、更

に何かが必要である。変更(transformation)がなければならない。すなわち、新たな、かつ、異なる物品は、他との区別を示す名称、特性又は用途を持って現れなければならない(a new and different article must emerge, 'having a distinctive name, character or use')。

アンハイザー・ブッシュ判決の要旨は、原材料の輸入者が米国内で「新たな物品の製造」のために当該材料が使われた場合に当該物品の再輸出時に当該材料に課せられた関税の払い戻しを受けることができる制度(ドローバック)の下で、輸入コルクをビール瓶のコルク栓に加工して再輸出した際にドローバックが適用できるかについて、本件は新たな物品の製造に当たらないとしたものでした。アンハイザー・ブッシュ判決に引用されている1886年の最高裁判決(Hartranft v. Wiegmann)は関税分類に係るもので、輸入された貝殻が洗浄され研磨されたものであるかを争点とし、その結果によって適用される関税率が35％か無税かというものでした[30]。

2．米国の非特恵原産地規則

米国税関は、全ての非特恵原産地規則は実質的変更基準に従っており、多くの場合はケース・バイ・ケースで適用されるとしています。実質的変更基準は、名称、特性、又は用途の変更に基づきます。すなわち、２カ国以上からの材料で全て又は一部が構成される物品が、新たな、かつ、異なる商業上の物品に実質的に変更された国の製品であるためには、その名称、特性、又は用途が当該製品の材料として使用された物品の名称、特性、又は用途と区別できることが必要となります[31]。なお、「名称、特性、又は用途」の基本的な概念ですが、「又は」とは必ずしも名称、特性、用途の３要素のうち１つを満たせばよいということを意味せず、米国税関では、これらのうち１つ又は複数をその他の補助的な判断基準と共に使用しています。そのため、議会調査局報告書で「名称／特性／用途」、米国税関の事前教示書で「名称、特性及び用途」、「名称、特性又は独自性(identity)」と記載される事例もあります。

　米国税関によれば、米国が非特恵原産地規則を使用する政策目的としては、
（ⅰ）最惠国待遇又は正常貿易関係（Normal-Trade-Relations Treatment）、
（ⅱ）原産地表示、（ⅲ）政府調達、（ⅳ）繊維及び繊維製品があります。

　原産地表示のうち、カナダとメキシコに限ってはNAFTAマーキング・
ルールが適用されます。同ルールは、化学品への化学反応規則の適用等の一
部例外を除き、関税分類変更基準によって規律され、品目によって例外はあ
りますが7％（繊維は重量、その他は価額）のデミニミス規則も適用されます。
また、繊維及び繊維製品に限られますが、イスラエルについても別個の規定
が適用されます（19 CFR 102.21, 102.22）。

　さらに、繊維及び繊維製品は、他の製品分野とは独立した形で関税分類変
更基準が適用されますが、NAFTA（カナダとメキシコ）及びイスラエルにつ
いては別の規定が適用されます。これらの**米国税関によって管理、実施され
ている法制**は、以下のとおりです。

（ⅰ）最惠国待遇又は通常貿易関係（Most-Favored-Nation or Normal-Trade-
　　　Relations Duty Assessment）
　＊　法制化されていませんが、米国関税率表の一般的注釈3をご覧くださ
　　　い（No rules of origin are set forth in legislation, but see General Note
　　　3 to the HTSUS（19 U.S.C. §1202）for a discussion of duty rates and
　　　columns.）。
（ⅱ）原産地表示（Marking Rules of Origin）
　＊　19 U.S.C. §1304 for marking requirement
　＊　19 CFR Part 134
　＊　19 CFR §102.0
（ⅲ）政府調達（Government Procurement）
　＊　19 U.S.C. § 2511 et seq.（Specifically § 2518(4)(B).）
　＊　19 CFR §177.21
（ⅳ）繊維及び繊維製品（Textiles and Textile Products）
　＊　7 U.S.C. §1854
　＊　19 U.S.C. § 3592

　　＊　19 CFR §§ 12.130, 102.21

３．米国議会調査局報告書

　米国議会調査局の報告書によれば、「物品に実質的変更が行われたと認めるに足りる変化を構成するのは何かを決定することは、原産性判断の複雑さを証明することでもある」と論じており、原産性を判断するに当たって、米国税関は以下の４項目のうち一つ又は複数を考慮に入れているとしています 。

（ⅰ）物品の特性／名称／用途、

（ⅱ）物品製造のために輸入された部分品、コンポーネンツ、その他の材料を製造するために用いた(材料供給国での)工程と比較した、物品の(製造国における)製造工程の性格、

（ⅲ）部材によって付与された価額と比較した、生産経費、資本投資額、人件費を加えた製造工程による付加価値、及び

（ⅳ）(物品の)重要な特性(essential character)が確立したのは製造工程によるのか、輸入された部材が有していた重要な特性によるのか。

　原産性決定は非常に事実を重視する(fact-specific)ものですが、米国税関が認めているとおり、何を実質的変更と認めるのかということには相当な不確実性が伴います。その理由は、それらの事実を米国税関が解釈することに伴うであろう「生来の主観性(inherently subjective nature)」故であると論じています[32]。

４．米国税関による関税分類変更基準導入の努力

　入手可能な文献から追っていくと、米国税関はこのような状況を一変させるための統一的な非特恵原産地規則の導入を、少なくとも３度提案し、都度断

念していたようです[33]。最初の提案は1991年（56 F.R.48448）、2度目は1994年（59 F.R.141）、最後が2008年7月25日付「輸入される商品のための統一原産地規則」（73 F.R.43385）となります。最後の提案では、すでに関税分類変更基準を採用しているNAFTAマーキング・ルール及び繊維ルールを除く、米国税関が執行する全ての非特恵原産地規則を関税分類変更基準で一本化しようとするものでした。上述の連邦官報に掲載された提案趣旨は、以下のとおりです。

　提案された規則は、ケース・バイ・ケースで判定するシステムに比較して、客観的で透明性に優れ、輸入される商品の原産国決定にいっそうの予見可能性を与える。このような変更は輸入者による「合理的な注意（reasonable care）」の実施を支援するものでもある。

5．国際貿易裁判所略式判決「エナジャイザー・バッテリー社 対 合衆国」

　米国税関による行政判断に不服がある場合には司法による救済を求めることができますが、その第一次裁判管轄は国際貿易裁判所（Court of International Trade）が受け持ちます。同裁判所による原産地に関連する判決は数多く下されていますが、以下に、《1979年貿易協定法（Trade Agreement Act:TAA）》で規定される政府調達における「実質的変更」の意味を過去の実質的変更に係る判例を集中的に分析し、判断を行った判決として、米国税関の事前教示事例においても数多く引用される「エナジャイザー・バッテリー社 対 合衆国」の略式判決[34]を取り上げます。

（1）背景となる米国税関決定

　エナジャイザー・バッテリー社は、軍用の第2世代懐中電灯を米国で組み立てるため、LEDを含む全てのコンポーネンツを中国から輸入しました。米国における組立工程は、単にコンポーネンツを挿入し、比較的簡単なコンポーネンツ及び部品の取付け及び固定に留まるため、米国税関は、輸入された懐

中電灯のコンポーネンツ及び交換用レンズヘッドのサブアッセンブリーが米国における当該組立工程及びプログラミング作業によって実質的変更が生じていないと判断し、本件第2世代懐中電灯の政府調達上の原産国を中国であると決定しました。

(2) 過去の判例分析による実質的変更の解釈

本判決においては、先例となる過去の諸判例が引用され、分析が加えられた上で本件判決の判断理由として使用されています。これらの引用事例は、米国税関の事前教示においても判断の根拠として使用されることが多いので、当該引用部分を翻訳(筆者による仮訳)し、以下に箇条書きで紹介します。

① 実質的変更の総合判断

* 最も古い最高裁判決として**アンハイザー・ブッシュ判決**があるが、この判決は非常に弾力的な「名称、特性又は用途」テストとして進化しており、**「実質的変更」テスト**として知られる。これは、製品が輸入された物品の「名称、特性又は用途」と異なる「名称、特性又は用途」を持つ製品となるような工程を経たか否かを決定するために使用される。

* 実質的変更テストを適用するに当たって、判例は各事例がそれぞれの事実に基づいて判断されるべきことを認めている。例えば、連邦巡回裁判所の判例において、「裁判所はこの分野の法令において特定の定義を定めるのに消極的で、各事例の固有の事情を審議してきている」[35]旨の言及がある。同様に他の判例で、判例法は、**実質的変更の決定が諸要素の総体に基づく**ことに言及している[36]。

② 特性(character)を基準とした実質的変更

* 裁判所は、主として用途又は特性の変更に焦点を当てていた。例えば、「名称の変更は、実質的変更を判断する要素の中で最も弱い基準であると一般的に考えられている」[37]。

* 裁判所が特性の変更を認めた例として、「継続的な溶融亜鉛めっき工程は、硬くて脆く、成形できない物品を、耐久性、耐腐食性があってそれほ

ど硬くなく商業的に応用範囲の広い成形が可能な物品に変更させる」[38]。

＊　逆に特性の変更を認めなかった例として、「コンポーネンツの形状に変更がなく」、熱処理が「材料の微細構造（microstructure）を変更するが、化学的な組成の変更をもたらさない」場合には、「材料の特徴（characteristics）に変更はあるものの製品の特性（character）に変更を加えるものではない」[39]。

③　「エッセンス」テストと「重要な特性（essential character）」テスト

＊　輸入された材料が輸入後の加工によって特性の変更があったか否かを判断するために、裁判所は最終製品の「エッセンス」を検討することがある。例えば、輸入された靴の甲の部分は「靴の完成品のエッセンス」であり、米国で靴底を取り付けたことで実質的変更が生じることはない[40]。このように、材料の輸入後の加工が、組立ておいて、特に輸入材料に物理的な変更がない場合には、裁判所は特性の変更を認めることは少ない[41]。

＊　しかしながら、HS通則で使用される分類判断基準の一つでもある「重要な特性」テストは、必ずしも一貫して実質的変更の判断に使用されているわけではない。最終製品の「エッセンス」よりも使用の頻度は少なく、裁判所は、物品又はコンポーネンツの実質的な改変、重要な組成の変更を究明している[42]。

④　用途（use）を基準とした実質的変更

＊　用途の変更については、輸入された物品の最終用途が、輸入後の加工による加工後の物品の最終用途に対して、もはや代替可能でなくなる場合に、用途の変更が行われたと判断してきた。例えば、「輸入された冷間圧延された鋼鉄製シートの用途が継続的な溶融亜鉛めっき工程の結果として用途の変更を認めている」。その理由としては、「この2種類の鉄鋼が競合したり代替される頻度は非常に限られており、おそらくは1％から2％以下であること」を挙げている[43]。

＊　しかしながら、輸入時に最終用途があらかじめ決まっている場合には、裁判所は一般的に用途の変更を認めていない。例えば、輸入後の加工が主に組立工程である場合、輸入時にあらかじめ決定されている最終用途が一

つであっても実質的変更の可能性を否定しないが、証拠全般に基づいて実質的変更が生じていない旨を判示したことがある[44]。

⑤　実質的変更を判断するための補助的な基準

*　名称、特性及び用途の３要素に加え、裁判所は実質的変更の決定に当たって補助的な要素を考慮に入れることがある。例えば、

（ⅰ）行われた作業の程度及び性質、

（ⅱ）輸入後の加工によって付与された付加価値、

（ⅲ）生産材から消費材への変更、又は

（ⅳ）関税分類の変更

が挙げられる。こうような補助的な基準の使用は一貫したものではなく、基準として使用されうる統一的又は悉皆的なリストも存在しない。例えば、裁判所は付加価値又は製造に要した経費を判断要素として採用するか否かについては意見を異にしている。

⑥　付加価値又は経費を基準とすることの是非

*　実質的変更の有無を決定するに際してクロスチェック又は追加的な要素として取り扱われるものとして、当該加工による大幅な価額の増加又は経費の負担がある[45]。しかしながら、付加価値を採用しない判例も出ており、その理由として「輸入された商品に対して全く同じ加工を行った輸入者に対し、販売価格の違いによって原産地表示要件の整合性を失わせてしまう」ことを挙げている[46]。特に、裁判所は、微細な製造、あるいは作業又は単なる組立てを組み合わせることと、それ以上の複雑な加工とを区別しようと試みている[47]。

⑦　組立工程の実質的変更判断

*　裁判所は、実質的変更の判断において輸入後の加工工程の性質を考慮しているが、当該工程が「単なる組立て」又は「作業の組合せ」ではなく、実質的変更が生じたとする明確な数値基準としてのコンポーネンツの数量、組立に要する最小限の時間は存在しない。

＊　輸入後の加工が組立工程を伴う場合、実質的変更の決定を行うに当たって、裁判所は組立ての性格と名称、特性又は用途テストを共に考慮に入れている[48]。例えば、連邦巡回裁判所では、**ベルクレスト・リネン判決**において、「軽微な製造と作業の組合せ」と「実質的変更」とを区別し、例えば、複数の作業の組合せでも、中国から輸入された刺繍布地を、香港で型紙をとり、マークし、個々の部品に裁断し、スカラップ飾りにし、折り曲げ、縫合し、アイロンがけし、枕カバーとして包装されたものは、「明らかに特性及び用途において布地と製品とで異なる」[49]ものであり、「行われた作業の程度及び材料がその特質を失い新たな製品の不可分の一部と認められるか」の判断に基づき実質的変更と認めた[50]。

＊　また、裁判所は、輸入された物品は未組立ての椅子ではなく、「せいぜい、椅子の製造に使用される木製材料」であって、ほとんどの椅子の材料は表面仕上げ及び布張りを必要とし、脚部は適当な長さに調整し、すべり金具と足車を取付けるために切断されなければならず、その後に諸種の部品を組み立て、取り付け、接着及び釘付けされなければならない。これらの作業はその性格において実質的であり、単に部品を組み合わせる組立て以上のものである[51]。

＊　一方、組立作業が手作業で、「コンポーネンツをスクリュードライバーでつなぎ合わせるのに技術と器用さ」が求められたとしても、それぞれの製品の名称とそれぞれのコンポーネンツの形状と特性に変更がなく、輸入された物品の用途が輸入時にすでに決定されている場合には、裁判所は実質的変更を認めていない[52]。

＊　連邦請求裁判所の判例では、組立工程の性質に焦点を当てずに「**取付加工**」として特徴付け、輸入された製品（フライパンと柄）の名称及び特性が変更されず、その最終用途が輸入時にすでに決定されていたことを理由として実質的変更を否認している[53]。

⑧　**輸入前と輸入後に行われた加工の比較**

＊　裁判所は、時に輸入製品の輸入前の加工と輸入後の加工の程度を比較検討し、実質的変更の有無を判断することがある。例えば、裁判所は、輸入

前に行われた冷間成形と熱間鍛造工程が輸入後に行われた熱処理及び電気メッキに比較してより複雑な業務が求められると判断している[54]。別の例では、輸入後の靴の甲部分を靴底に取り付ける作業を「微細な製造又は作業の組合せ」とし、「複雑な製造工程」が輸入前に靴の甲部分を製造する工程において行われているとしている[55]。

⑨　NAFTA等の特恵原産地規則の援用

＊　エナジャイザー・バッテリー社による**「より具体的な自由貿易協定の規則、例えばNAFTA、を参考」**に単なる組立てとは**「5つ以下の部品の取付け」**である旨の主張は不適切である。なぜならば、NAFTAは特恵制度であり、その利益は当該協定の締約国でない国に対して与えられるより一般的な「最恵国」待遇に均霑しない。

(3) 本判決において実質的変更を否認した理由

①　特性の変更の有無

＊　輸入後の組立作業によって、輸入されたコンポーネンツの形状又は物質的組成に何ら変更が生じなかったことから、本件組立作業が特性の変更をもたらしたとはいえない。したがって、実質的変更の有無は残る2基準である名称又は用途の変更がコンポーネンツに生じていたかによる。

②　名称の変更の有無

＊　輸入されたコンポーネンツは、懐中電灯に組み立てられた際に名称の変更があったとはいえない。**ナショナル・ハンドツール判決**に拘束されるわけではないが、同判決でいう「輸入時の物品の各名称が完成品としての工具における各部位の名称と同じ」であることが指摘できる。論点は、輸入されたコンポーネンツが第2世代懐中電灯に組み立てられた後においてそれぞれの名称を維持しているかであって、コンポーネンツが「懐中電灯」の名称で輸入されたかではない。したがって、被覆されたレンズ枠とかスイッチレバーが完成品となった懐中電灯においても同じ名称で呼ばれるかということである。

③　用途の変更の有無

＊　輸入されたコンポーネンツは、輸入後の加工によって用途が変更されたとはいえない。原告は、輸入されたコンポーネンツが輸入時において懐中電灯として機能することはなく、すべてのコンポーネンツは新たな製品としての懐中電灯の不可分の一部となると主張するが、これはナショナル・ハンドツール判決及び**ラン・ページュ判決**の解釈に誤りがある。輸入時のコンポーネンツが最終製品においてその形状及び機能を維持しているかではなく、<u>当該コンポーネンツが輸入時において予め決められた最終用途を持っているか</u>が問われなければならない。<u>物品が組立用部材として予め決められた用途で輸入される場合</u>、これらの物品の最終製品への組立ては、<u>更なる加工工程を伴わない限り、実質的変更のレベルに達しない</u>かもしれない。

④　加工の複雑さの程度

＊　最後の論点として挙げられるのは、<u>輸入後の加工は実質的変更を構成するほどに十分な複雑さを有していない</u>。本件第2世代懐中電灯が部分的に組み立てられたレンズヘッドのサブアッセンブリーを含む約50個のコンポーネンツから構成され、そのうち19個（約40％）はネジ、座金、ナッツである。また、<u>電気ケーブルは第2世代懐中電灯用に使用されるべく特定の長さに予め切断された状態で輸入されている</u>。ネジ等の数量は決定要素とはならないとはいえ、<u>これらの連結部品がそれ以外のコンポーネンツとの比較において高比率であること</u>は、輸入されたコンポーネンツが特性の変更を生じることなく、むしろ単に組立後に集合物となるべくまとめられただけとの判断を支える事実となる。

⑤　加工に要する熟練度

＊　さらに、原告は、組立作業が「訓練された技術者」によって、約7分間試験のための時間も含めて行われていると主張するが、当該技術者に要求される訓練のレベル又は種類に関して何らの証拠も提出されていない。裁判所に提出されたDVD映像において、訓練を受けていない職員による作業

所要時間は、試験及び包装を含めても 6 分間余計にかかったに過ぎない。
具体的な組立作業の内容は、選別、配置、組立て、はんだ付け、挿入、ネ
ジ締め、調整、引き伸ばし、ねじり、結合、添え付け、油さし、圧縮、締
付け、回転、及び試験である。結論として、当該組立作業は、場所の如何
にかかわらず、技術者の訓練度に応じて 7 分から13分半で試験及び包装も
含めて行うことができ、組立作業の性質は、大雑把にいえば約50個のコン
ポーネンツの組立て、ネジ留め、連結及びはんだ付けであり、その多くは
単なる取付けであるため、どの作業をとっても複雑といえるものは存在せ
ず、単なるスクリュードライバー・アッセンブリーそのものといえる。

6．米国税関による事前教示事例

　米国国際貿易裁判所の判例を中心に実質的変更の判断基準を追ってきまし
たが、より具体的な加工工程の記述を含む実例に即した税関による事前教示
事例をいくつか取り上げてみたいと思います（筆者による仮訳）。以下の例で、
「エナジャイザー・バッテリー社 対 合衆国」判例で実質的変更の判断基準と
して引用されたもののいくつかが実際に税関の教示事例で援用されているこ
とが分かります。

(1)台湾製部品を中国で組み立てた釣り竿（リールなし）の原産
国（表示）

　(1991年11月18日：HQ734214；MAR-2-05 CO:R:C:V 734214 GRV)

＜加工・製造工程＞

*　釣り竿（リールなし）が台湾で製造された部品から中国で組み立てられ
　米国に輸入された。これらの部品は、竿（黒鉛約40％、グラスファイバー
　60％）、フロントグリップ、リールシート、バットグリップ及びガイドか
　ら構成され、これらの部品の総額は完成品の価額の約85％を占める。中国
　における組立工程は、フロントグリップ、リールシート及びバットグリッ

プを竿に接着し、ガイドを竿に糸で巻締めにした後に樹脂で包み込んでいる。

<原産性判断とその理由>

＊　原産国は台湾であり、中国における組立加工は台湾製の部品を実質的に変更したものとは認められない。

＊　外国産コンポーネンツの特性は、失われても物理的に改変されておらず、熟練労働又は特別な装置を必要とすることもない。そして、組立経費は比較的安価である。

＊　中国における組立てによる付加価値は、釣り竿の完成品の総額のわずか15％しか加えておらず、しかもコンポーネンツ部品はその特性を失っておらず、物理的側面において何ら変更が生じていない。

（2）インドから輸入されるミニトラック・グライダーにモーター等を米国で取り付けた電気ミニトラックの原産国（政府調達）

（2008年5月2日：HQ H022169；OT:RR:CTF:VS H022169 GG）

<加工・製造工程>

＊　インドから輸入されたミニトラック・グライダー（枠組み、運転手台、車軸及び車輪から構成され、手押し車やスクーターのように動くもの）に、他の国から輸入された荷台及び電気モーターを米国で取り付けて、電気ミニトラックの完成品とする。インドから輸入されたグライダーは約87点もの異なるコンポーネンツから組み立てられたものであるが、その内68点のコンポーネンツは米国の原産品であり、価格的にもすべてのコンポーネンツの約51％を占める。米国での組立工程は以下の8作業から成る。

作業0：グライダーから車輪とタイヤが取り外され、組立コンベヤーに乗せられる。

作業1：後部車軸及びブレーキが取り外され、電気トラック用のものに交換される。交換されるギアボックス及び車軸は米国製であるが、ブレー

キはインド製。カナダ製のモーターが米国製の後部車軸、ギアボックス、差動装置に取り付けられ、カナダ製の制御装置及び充電器がグライダーに取り付けられる。

作業2：米国製のワイヤリング・ハーネスが取り付けられる。

作業3：米国製のバッテリー、バッテリー収納皿及びケーブルが組み立てられた後に取り付けられる。

作業4：米国製の運転手用電子情報ディスプレイが取り付けられる。

作業5：オプション装備の電気運転台ヒーターが取り付けられる。

作業6：車輪及びタイヤが取り付けられる。

作業7：組み立てられた電気ミニトラックが試験走行される。

作業8：電気ミニトラックが組立及び作業の正確さに係る検査を受ける。

(注) 品質管理は各ライン作業位置及びオフラインでの2つの作業位置で行われる。

＜原産性判断とその理由＞

* 米国の政府調達を目的とした本件電気ミニトラックの原産国は、米国である。輸入されたミニトラック・グライダーは、米国において輸入されたコンポーネンツ及び米国産コンポーネンツを取り付けたことによって実質的変更が生じたものと認める。輸入されたグライダーはそれ自体としての特質を失い、新たな名称、特性及び用途を持った新たな製品の不可分な一部となった。さらに、輸入されたグライダーに取り付けられたコンポーネンツの多くは米国製であったことを付言する。

* 部品又は材料の取り付けが実質的変更を構成するか否かの判断において、決定的な要素は、行われた作業の程度及び部品がその特性を失い新たな製品の不可分な一部となるかである[56]。

* 製造又は取付加工が微細なもので、輸入された製品がそのままの状態である場合 (leaves the identity of the imported article intact)、実質的変更は生じていない[57]。

* 原産国が異なるコンポーネンツが組み立てられて完成品となった場合に実質的変更が生じたか否かの判断は、米国税関においては状況を全体的に

考慮し、ケース・バイ・ケースで行われる。**名称、特性又は用途の変更に加え、製品デザイン、製品開発に費やされた資源、組立後の検査手続きの程度及び性質、及び製造工程に求められる作業者の熟練も考慮に入れられるが、どの要素も単独では決定的なものとはならない。**

* 　類似事例として1995年3月20日のHQ 558919がある。この事例においては、米国税関は、英国で製造された押出成形機のサブアッセンブリーと、米国製のモーター、電気制御装置及び成型機スクリューとの接続による縦型押出成形機の製造によって、実質的変更が生じたとの決定を行っている。その際に強調された点は、英国及び米国のコンポーネンツの双方が縦型押出成形機の作動において機能的に必要な重要な属性を有していたことである。本件電気ミニトラックにおいても、輸入された製品と輸入品に米国製品を交えたその他のコンポーネントは、これらが接合された最終製品の作動に対して「機能的に必要」なものであったことが挙げられる。すなわち、グライダーそのものは電気ミニトラックとして使用することができず、その他の重要なコンポーネンツとの組立てを要したわけである。

* 　他の参考事例として、1988年11月1日付HQ731076は、台湾で日本、米国及び台湾製のコンポーネンツから組み立てられた自動車の原産国表示上の原産国を台湾としている。この事例では、エンジン、トランスミッション等の重要部品が日本製であったにもかかわらず、台湾における付加価値が自動車の価額の38%を占め、組立てに33時間を要していることが実質的変更と認めるのに十分説得力があるとしている。

(3) アルゼンチンで採捕され、頭部を落として冷凍したエビをベトナムで皮むき、静脈の除去を行い、米国に輸入された場合の原産国(表示)

（2017年7月5日：N286963；MAR-2-03:OT:RR:NC:N2:231）

<加工・製造工程>

* 　アルゼンチンで採捕した天然エビの頭部を落とし、ブロックの形状で冷凍したものをベトナムに送り、冷凍の状態で殻むき、背の部分の静脈を除

去した後、2ポンドの卸売りサイズの袋詰めにして米国に輸入される。

＜原産性判断とその理由＞

＊　ベトナムで行われた加工は実質的変更を生じさせるものではないと認める。したがって、冷凍天然エビは当初の原産国を維持し、原産国表示上の原産国はアルゼンチンであると認める。

(4) イタリアで第1次発酵させたワインをスペインで圧力タンクを使用して第2次発酵させスパークリング・ワインにした後に米国に輸入された場合の原産国表示

（2018年4月4日：N295209；CLA-2:OT:RR:NC:N2:232）

＜加工・製造工程＞

＊　イタリアで栽培され、収穫されたグレーラ種及びピノノワール種のぶどう搾汁を低温発酵させ、グレーラとピノノワール・ワインのブレンドとした。ブレンド・ワインはスペインに送られ、温度管理されたタンクに搬入後、フィルターでろ過され、コールドスタビライゼーションが行われる。10日以上の低温（10度から12度）での第2次発酵を促進するためにイースト菌が加えられる。圧力タンクでの第2次発酵の結果として、ワインはスパークリング・ワインになり、フィルターでろ過され、1リットル当たり17グラムの砂糖で甘みが加えられる。スパークリング・ワインは、750mlボトルに詰められて米国に輸入された。

＜原産性判断とその理由＞

＊　論点は、スパークリング・ワインを生産するための第2次発酵が実質的変更と認められるかであるが、このスパークリング・ワインはイタリアのワインを実質的に変更したものとは認められない。ワインはスペインに輸送され、その後にスパークリングとなったもので、イタリアのワインであることに変わりはない。

＊　本産品は、食品医薬品局（Food and Drug Administration（FDA））の管轄

下の2002年公衆衛生安全及びバイオテロリズム準備対応法（Public Health Security and Bioterrorism Preparedness and Response Act of 2002）の対象品目である。同法に係る情報は、食品医薬品局に照会すれば入手できる。

（5）台湾製の生地を英国で寝具に加工し、米国に輸入された場合の原産国（表示）

（1999年7月19日：HQ 561362；MAR-2-RR:TC:SM 561362 KSG）

＜加工・製造工程＞
＊　米国関税率表において第54.07項及び第55.12項に分類される台湾製の生機が英国に輸出された後、英国で漂白され、洗浄され、浸染され、シーツ、枕カバーその他の寝具に加工され、包装され、米国に輸出される。米国関税率表においてこれら寝具は第63.02項に分類される。

＜原産性判断とその理由＞
＊　《ウルグアイ・ラウンド協定法第334条》は繊維及び衣類に適用される新原産地規則を定め、1996年7月1日から実施されている。第334条を実施するための《税関規則第102.21条（19 CFR 102.21）》は、繊維又は衣類の原産国はパラグラフ（c）(1)から(c)(5)までの一般規定を上から順番に適用することによって決定する旨を定めている。パラグラフ(c)(1)は完全生産品規定であるので、本品への適用はない。パラグラフ(c)(2)は、パラグラフ(e)に定められる関税分類変更基準及びその他の要件を満たした場合に原産国と認める旨が規定される。第63.02項のベッドシート、枕カバーその他の寝具に適用される品目別規則は、

第63.01項から第63.06項までの産品：
　原産国は、産品を構成する布が製織・編み工程によって生産された国、地域又は属領とする。

＊　したがって、布が台湾で生産されていることから、本産品の原産国表示

上の原産国は台湾である。

（6）男子用のメリヤス編みジャケットの製造において２カ国（Ａ国及びＢ国）が３通りの製造方法で関与する場合の原産国

（2003年11月24日：NY K81139；CLA-2-RR:NC:TA:N3:356 K81139）

＜加工・製造工程＞

＊　男子用のメリヤス編みジャケットの製造において２カ国（Ａ国及びＢ国）が関与する３通りの方法を計画している。これらの２カ国は、イスラエル又はNAFTA構成国ではないとの前提で教示を行う。本ジャケットの組成は、（ⅰ）綿80％、ポリエステル16％、スパンデックス4％、（ⅱ）綿80％、ポリエステル20％、又は（ⅲ）綿100％の3通りがあり、いずれもメリヤス編みされた布から製造される。本ジャケットは、引きひも付きのフードが附属し、身頃前面が完全にファスナーで開閉でき、長袖のリブニットの袖口で、ウエストの下にポーチポケットがあり、リブニットのウエストバンドが附属している。

＊　製造プラン１

- 　Ａ国において、型紙が作成され、マークされ、布が部分品に裁断される。ポケットが身頃前面に取り付けられ、身頃の前面と背面が肩の部分で接続される。袖口付きの袖が袖ぐりに取り付けられる。袖付け及び脇縫いが行われ、リブニットのウェストバンドが身頃に取り付けられる。

- 　Ｂ国において、ファスナーが取り付けられる。引きひも付きフードが成形され、身頃に取り付けられる。表示ラベルが首回りの後部分に縫い付けられる。縫糸が切り落とされ、検査の後に輸出用に包装される。

＊　製造プラン２

- 　Ａ国において、型紙が作成され、マークされ、布が部分品に裁断される。ポケットが身頃前面に取り付けられ、身頃の前面と背面が肩の部分で接続される。袖口付きの袖が袖ぐりに取り付けられる。袖付け及び脇縫いが行われ、リブニットのウェストバンドが身頃に取り付けられる。

- 　Ｂ国において、引きひも付きフードが成形され、身頃に取り付けられ

る。ファスナーが取り付けられる。表示ラベルが首回りの後部分に縫い付けられる。縫糸が切り落とされる。

- 　A国において、ジャケットが検査され、輸出用に包装される。

＊　製造プラン 3

- A国において、型紙が作成され、マークされ、布が部分品に裁断される。ポケットが身頃前面に取り付けられ、身頃の前面と背面が肩の部分で接続される。引きひも付きフードが成形され、身頃に取り付けられる。表示ラベルが首回りの後部分に縫い付けられる。

- 　B国において、ファスナーが取り付けられる。袖口付きの袖が袖ぐりに取り付けられる。袖付け及び脇縫いが行われ、リブニットのウェストバンドが身頃に取り付けられる。縫糸が切り落とされ、検査の後に輸出用に包装される。

＜原産性判断とその理由＞

a．適用法令及び適用結果

＊　《ウルグアイ・ラウンド協定法第334条》は繊維及び衣類に適用される新原産地規則を定め、1996年7月1日から実施されている。第334条を実施するための税関規則第102.21条（19 CFR 102.21）は、《2000年貿易及び開発法（Trade and Development Act）第405条》によって第334条が改正されたことから、《税関規則第102.21条》も同様に改正され（68Fed. Reg. 8711）、繊維又は衣類の原産国がパラグラフ（c）(1)から（c）(5)までの一般規定を上から順番に適用することによって決定される旨を定めている。パラグラフ（c）(1)は完全生産品規定であるので、本品への適用はない。パラグラフ（c）(2)は、パラグラフ（e）に定められる関税分類変更基準及びその他の要件を満たした場合に原産国と認める旨が規定される。衣類に適用される品目別規則は、

第61.01項から第61.17項までの産品：
産品が産品の形状にメリヤス編みされず、2以上の部分品によって構成される場合、第61.01項から第61.17項までの組み立てられた産品への未組立ての部分

品からの変更。ただし、当該産品が単一の国、地域又は属領において完全に組み立てられた結果としての変更である場合に限る。

＊　本件衣類は、その形状にメリヤス編みされておらず、また、2以上の部分品によって構成されるとはいえ、本件衣類は単一の国、地域又は属領において完全に組み立てられているわけではない。したがって、本パラグラフで定める関税分類変更基準は満たされず、パラグラフ（c）（2）は適用されない。

＊　パラグラフ（c）（3）は、上記パラグラフで原産国が決定されない場合は、以下の規定によって原産国を決定する旨規定している。

産品が当該産品の形状にメリヤス編みされた場合、当該産品の原産国は当該産品がメリヤス編みされた単一の国、地域又は属領とする、又は
第56.09項、第58.07項、第58.11項、第62.13項、第62.14項、第63.01項から第63.06項まで、第63.08項、及び第6209.20.5040号、第6307.10号、第6307.90号、並びに第9404.90号に分類される産品を除いて、産品が当該産品の形状にメリヤス編みされず、単一の国、地域又は属領で完全に組み立てられた場合、当該産品の原産国は、当該産品が完全に組み立てられた国、地域又は属領とする。

＊　パラグラフ（c）（3）は、当該産品が形状にメリヤス編みされず、単一の国で完全に組み立てられたものでもないので、適用されない。パラグラフ（c）（4）は、パラグラフ（c）（1）から（3）までの規定で原産国が決定されない場合、以下の規定によって原産国を決定する旨規定している。

繊維又は衣類の原産国は、最も重要な組立て又は製造工程が行われた単一の国、地域又は属領とする。

b．結論：最も重要な組立工程の決定
＊　製造プラン1：
-　　A国における組立工程で、ポケットが前面に取り付けられ、前面と背

面が肩の部分で接続され、袖口付きの袖が袖ぐりに取り付けられ、袖付け及び脇縫いが行われ、リブニットのウェストバンドが身頃に取り付けられるため、最も重要な組立工程を構成する。

* 製造プラン2：

- A国における組立工程で、ポケットが取り付けられ、肩の部分が接続され、袖が袖ぐりに取り付けられ、脇縫いが行われ、リブニットのウェストバンドが身頃に取り付けられるため、最も重要な組立工程を構成する。

* 製造プラン3：

- B国における組立工程で、ファスナーが取り付けられ、袖が袖ぐりに取り付けられ、脇縫いが行われ、リブニットのウェストバンドが身頃に取り付けられるため、最も重要な組立工程を構成する。

- したがって、第102.21条(c)(4)の適用により、本件産品の原産国は最も重要な組立工程が行われた国となり、製造プラン1及び2においてはA国、製造プラン3においてはB国となる。

7．米国税関へのeRuling申請

(1) eRuling申請手続き

　米国税関では、拘束力のある事前教示を1度に最大5品目までウェブサイトから電子的に申請することができます（URLは以下のとおり）。

〔https://www.cbp.gov/trade/rulings/eruling-requirements〕（最終検索日：2020年7月1日）

　eRuling申請は、ニューヨークのNational Commodity Specialist Division（NCSD）に提出されます。審査にサンプル検査が必要な場合には、別途サンプルをNCSD宛に送付することになります。しかしながら、本申請に関する質問又はフォローアップは米国税関のCustoms Information Exchangeへの電話連絡のみになります（(646) 733-3062, 3065, 3066, 又は3071)。

eRuling申請を送付すると申請者にはメールで受領確認メールが届きます。申請に係る情報が税関での審査に十分なものであれば、１稼働日以内に事前教示管理番号入りの正式受領メールが届きます。通常、審査は受領の日から30暦日以内に終了し、メールで電子署名入りの正式な教示が送付されます。サンプル検査に化学分析を要する場合又は他の官庁に照会する必要がある場合には、遅延することがあります。事情によって本部照会が必要な事案については、受領の日から90日以内に結果が郵送されます。

　事前教示は、将来的に実際に輸入される貨物についてのみ申請できます。事前教示書の写し又は事前教示管理番号は、（貨物の迅速通関のために）当該貨物の輸入時に申告文書と一緒に提示すべきです。なお、eRuling申請の技術的な要件を満たせない場合には、郵送による事前教示を申請することができます。

（2）eRuling申請テンプレート

　冒頭のURLで現れる「eRuling申請の要件」画面の本文第２文の「eRulings template（eルーリング・テンプレート）」をクリックすると、申請画面に切り替わります〔https://erulings.cbp.gov/s/〕（最終検索日：2020年７月１日）。

　以下に、順を追ってeRuling申請のためのテンプレートを見ていきます。

①　テンプレート画面１（申請者情報）

　申請者は、申請者情報として氏名・名称、住所、電話番号、e-mailアドレスを入力します。

②　テンプレート画面２（教示分野）

　次に、米国税関に依頼する教示内容の分野を特定します。例えば、「原産国」であれば上から３番目をクリックします。例えば、「原産国」と「原産国表示」等、複数を選択することも可能です。

③　テンプレート画面３（教示内容）

　質問１から質問５に対してYes／Noの回答の選択、質問６に対して対象産

図表6－1　eRuling申請テンプレート1（申請者情報）

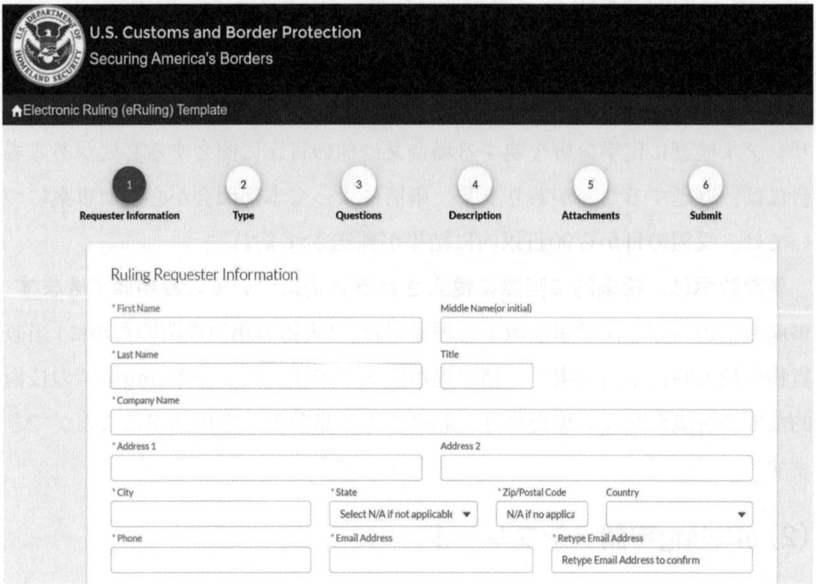

図表6－2　eRuling申請テンプレート2（教示分野）

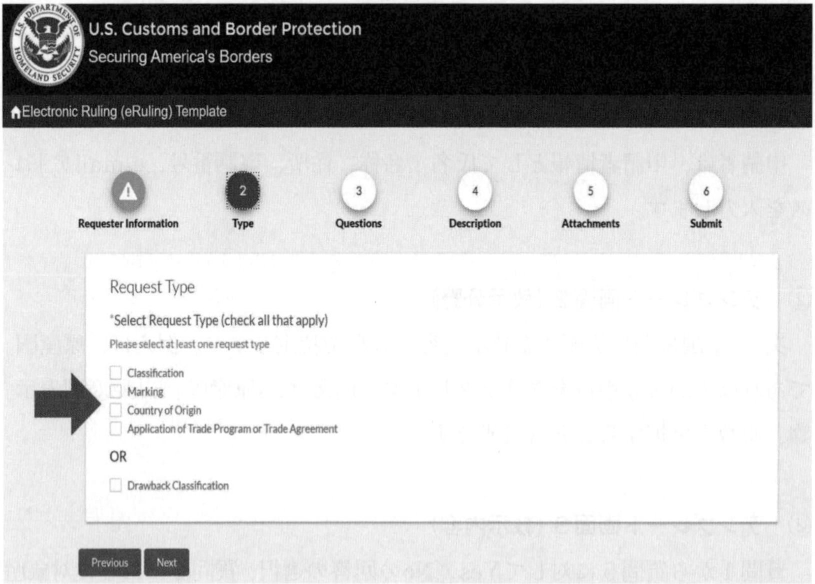

図表6−3　eRuling申請テンプレート3（教示内容）

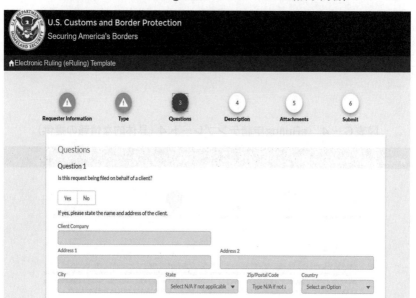

品の原産国を選択（クリック）し、質問1で、申請者が代理人であれば依頼人
の情報を入力します。

④　テンプレート画面4（具体的な情報の提供）

　事前教示を得ようとする産品の生産工程（複数国にわたる場合には、それ
ぞれの国での工程内容）、材料の原産国（複数国から輸入された場合には、そ
れぞれの国）を記載します。

⑤　テンプレート画面5（添付書類）

　参考資料（図表での組立工程、産品の化学式、その他実質的変更を立証する
ために有効な資料）を添付します。複数のファイルを添付することができま
すが、ファイルのサイズは全体で25メガバイトを超えることができません。
添付できるファイルの種類は、以下のとおりです（ZIP等の圧縮ファイルでの
提出はできません）。

Microsoft Word (.doc, .docx), Microsoft Excel (.xls, .xlsx), Microsoft Power Point (.ppt, .pptx), Acrobat portable document format (.pdf), text file (.txt), JPEG image format (.jpg, .jpeg), GIF image format (.gif), Windows bitmap (.bmp), Portable Network Graphics (.png) and MP4 (.mp4).

図表6-4　eRuling申請テンプレート4 (具体的な情報の提供)

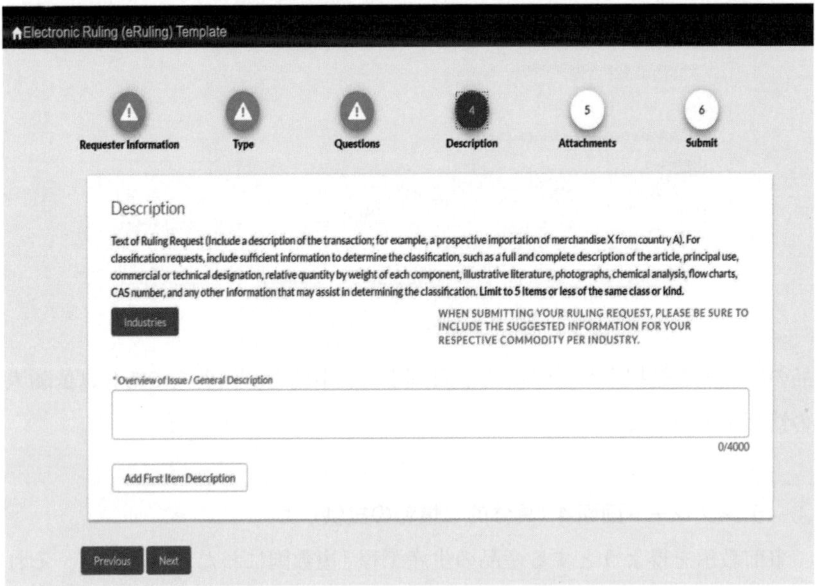

要点整理

米国における「実質的変更」の判断基準

* 状況を全体的に考慮し、ケース・バイ・ケース
* 名称、特性又は用途の変更 (「実質的変更」テスト)
* 「エッセンス」テストと「重要な特性 (essential character)」テスト
* 行われた作業の程度及び性質
* 輸入後の加工によって付与された付加価値
* 生産材から消費材への変更

図表6−5　eRuling申請テンプレート5（添付資料）

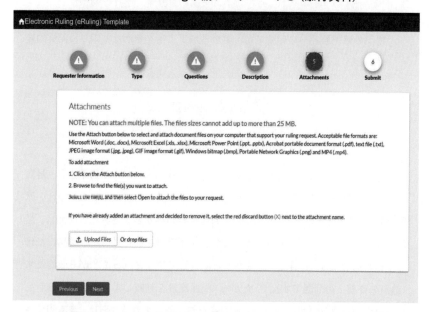

* 関税分類の変更
* 輸入前と輸入後に行われた加工の比較
* 加工の複雑さの程度
* 組立工程において、行われた作業の程度及び部品がその特性を失い新たな製品の不可分な一部となるか
* 製品デザイン、製品開発に費やされた資源、組立後の検査手続きの程度及び性質、及び製造工程に求められる作業者の熟練も考慮に入れられるが、どの要素も単独では決定的なものとはならない。

実質的変更が認められない場合

* 製造又は取付加工が微細なもので、輸入された製品がそのままの状態。
* コンポーネンツの特性が失われても、物理的に改変されていない。熟練労働又は特別な装置を必要としない。組立経費が比較的安価。
* 組立てによる付加価値は完成品の総額のわずか15％、しかもコンポーネンツ部品はその特性を失っておらず、物理的側面において何ら変更が生じて

いない。

* 物品が組立用部材として予め決められた用途で輸入される場合、これらの物品の最終製品への組立ては、更なる加工工程を伴わない限り、実質的変更のレベルに達しない。

☕ TEA BREAK

実質的変更をどう判断するか？

　産品の生産に2カ国以上が関与した場合、実質的変更基準が適用され、当該産品の原産性を判断します。完全生産品は、1カ国で生産が完結する場合を原則とし（製造くず、収集品等を除く）、原産材料のみから生産される産品は、厳密には2カ国以上が関与しますが、当該産品に使用される材料が原産品に転化していた場合には、実質的変更基準から除外して整理されることが一般的です（論点の整理上の問題です）。したがって、原産性を判断しようとしている産品に直接使用される材料の一つでも非原産材料が使用されるならば、実質的変更基準が適用されます。

　どのように基準を策定するかは、国によって、制度によって異なります。第6章で詳しく述べた米国の「実質的変更」分析は、概念のみが定められ、その適用はケース・バイ・ケースとなるので、透明性はあっても予見可能性に難点があります。

　一般的には、関税分類変更基準がメイン基準となり、補足するものとして付加価値基準、加工工程基準の3基準が典型例として挙げられます。このうち、実務的には関税分類変更基準が最も取り扱いやすく、付加価値基準は取引相手から価額情報を入手することが困難なため、立証に際して難点があります。加工工程基準は、証明が化学的、数値的に可能なので容易ですが、設定されている工程が限定的であり、内容によっては技術ノウハウの企業外漏洩となることから、一長一短があります。特定非原産材料の使用制限及び特定原産材料の使用義務が、関税分類変更基準に付随して設定される場合がありますが、大半は農産品、繊維製品等のセンシティブ品目が対象となっています。

非原産材料を使用した産品は、生産の結果として当該非原産材料から実質的に変更していることを原産資格とする。

非原産材料から産品への生産によって実質的変更が生じたかを決定するために、どのような規則が必要なのか？

概念的な定義を定める	➡	米国の非特恵規則
HS分類を活用する	➡	関税分類変更基準
経済的な数値を活用する	➡	付加価値基準
特定の生産技術に着目する	➡	加工工程基準
特定の材料を使用制限する	➡	材料使用制限ルール

（注）

29 N. David Palmeter, "Rules of Origin in The United States", Chapter 2, in Edwin Vermulst, Paul Waer, Jacques Bourgeois(eds.), *Rules of Origin in International Study - A Comparative Study*, Michigan, 1994,, pp. 27-30.

30 同上。なお、判決文において、次の文が使われています。"They were still shells. They had not been manufactured into a new and different article, having a distinctive name, character or use from that of a shell."

31 U.S. Customs and Border Protection, "What Every Member of the Trade Community Should Know About: U.S. Rules of Origin - Preferential and Non-Preferential Rules of Origin", An Informed Compliance Publication, May 2004, p. 9

〔https://www.cbp.gov/sites/default/files/assets/documents/2016-Apr/icp026_3.pdf〕

（最終検索日：2020年7月1日）

32 Vivian C. Jones, Michael F. Martin, International Trade: Rules of Origin, Congressional Research Service, p. 3 (5 January 2012)。なお、カッコ書きのイタリック体の補足は筆者によるものです。

33 同上。脚注10。なお、3度目の提案の断念は、2011年9月2日(76 F.R. 54691)。

34 Energizer Battery, Inc. v. U.S.、190 F.Supp.3d 1308(2016)

35 Belcrest Linens, 741 F.2d at 1372

36 National Hand Tool Corp., 16 C.I.T. at 312; Ran-Paige, 35 Fed.Cl. at 121

37　Ferrostaal Metals Corp. v. United States, 11 C.I.T. 470, 478, 664 F.Supp. 535, 541 (1987)

38　Ferrostaal Metals, 11 C.I.T. at 477, 664 F.Supp. at 540

39　Nat'l Hand Tool, 16 C.I.T. at 311

40　Uniroyal, 3 C.I.T. at 225, 542 F.Supp. at 1030

41　Uniroyal, 3 C.I.T. at 226, 542 F.Supp. at 1031

42　Ran-Paige, 35 Fed.Cl. at 121; Nat'l Hand Tool, 16 C.I.T. at 311; Ferrostaal Metals, 11 C.I.T. at 477-78, 664 F.Supp. at 540.

43　Ferrostaal Metals, 11 C.I.T. at 477, 664 F.Supp. at 540-41

44　Nat'l Hand Tool, 16 C.I.T. at 311-312

45　Superior Wire, 11 C.I.T. at 614, 669 F.Supp. at 478

46　Nat'l Hand Tool, 16 C.I.T. at 312

47　Uniroyal, 3 C.I.T. at 226, 542 F.Supp. at 1031; Belcrest Linens, 741 F.2d at 1371; Ran-Paige, 35 Fed.Cl. at 121.

48　Ran-Paige, 35 Fed.Cl. at 121; Belcrest Linens, 741 F.2d at 1371; Uniroyal, 3 C.I.T. at 226, 542 F.Supp. at 1031.

49　Belcrest Linens, 741 F.2d at 1374.

50　Belcrest Linens, 741 F.2d at 1373.

51　Carlson Furniture Indus. v. United States, 65 Cust.Ct. 474 (1970)

52　Nat'l Hand Tool, 16 C.I.T. at 310-313.

53　Ran-Paige, 35 Fed.Cl. at 119-122.

54　Nat'l Hand Tool, 16 C.I.T. at 311.

55　Uniroyal, 3 C.I.T. at 224-227, 542 F.Supp. at 1029-31.

56　Belcrest Linens v. United States, 6 Ct. Int'l Trade 204, 573 F. Supp. 1149 (1983), aff'd, 741 F.2d 1368 (Fed. Cir. 1984).

57　Uniroyal Inc. v. United States, 3 Ct. Int'l Trade 220, 542 F. Supp. 1026 (1982).

第7章

通商法第301条の対中国追加関税措置と日米貿易協定のダブル適用

1. 米国における貿易救済措置とFTAのダブル適用

　我が国から米国への特定品目の輸出に関し、日米貿易協定上の原産品として日米貿易協定税率の適用を受けた（例えば、MFN税率5％から日米貿易協定税率0％になる）場合であっても、当該産品が米国の《1974年通商法第201条》、《1962年通商拡大法第232条》及び《1974年通商法第301条》の貿易救済措置の対象であった場合には、米国非特恵原産地規則の適用により当該措置の対象国（対中国追加関税措置であれば、中国）の原産品と判断されるならば、当該貿易救済措置が日米貿易協定税率に上乗せされて適用されます（例えば、日米貿易協定税率0％に対し、対中国制裁関税25％が上乗せされます）。

　しかしながら、このような特異な事態が生じるには条件が揃わなければなりません。**第1**に、当該産品が日米貿易協定の譲許品目であり、同時に、米国の貿易救済措置（例えば、《通商法第301条》の対中国追加関税措置）の対象品目であって、かつ、当該措置の除外品目リストに掲載されていないことが必須となります。**第2**に、我が国における当該産品の生産行為が、日米貿易協定原産地規則の関税分類変更基準を満たした上で、米国の非特恵原産地規則を適用した結果、我が国での生産行為が実質的変更をもたらすものと認められず、原産国が材料供給国であって、当該措置の対象国（例えば、中国）と判定されることが必要です。

　第301条の対中国追加関税は、米中間の外交交渉で決着に至れば前述のダ

ブル適用の心配はなくなりますが、それまでの間、一応の対応策は考えておくべきと考えます。前述の第1の条件は、対象品目リストから比較的容易に該否を割り出すことができるのですが、第2の条件は第6章で説明したとおり、我が国の生産において非特恵原産地規則上の実質的変更が生じていないことを確認することが必要となるので、同章で取り上げた実質的変更の各基準を参照してください。

2．米国税関における通商法301条の適用に係る事前教示

　貿易救済措置とFTAのダブル適用における米国税関の役割を明確にしておくと、米国への輸入時に（又は事前教示として輸入前に）次の判断を行います。

* 　日米貿易協定等のFTA原産地規則上の特恵原産資格の有無、
* 　原産国表示要件の具備、及び
* 　当該貿易救済措置の適用の是非（FTA輸入申告された産品の非特恵原産地規則上の原産国が当該措置の対象国であるかの判断）。

　米国税関では、FTA特恵原産資格の審査に加え、輸入産品の原産国表示についても要件に従った原産国であるか否かを判断する必要があり、前者にはFTA特恵原産地規則、後者には非特恵原産地規則（「実質的変更」の分析）が適用されます。ただし、後者の場合、NAFTA構成国から輸入される産品にはNAFTAマーキング・ルール、イスラエルから輸入される繊維製品であればイスラエル繊維ルールが適用されます。これに加えて、貿易救済措置の適用対象産品であるか否かについての原産国判断に当たって適用される規則が非特恵原産地規則となります。したがって、多くの場合、原産国表示上の原産国判断が、貿易救済措置の適用に係る原産国決定を兼ねていることになります。

　我が国から米国に輸出する場合において貿易救済措置とのダブル適用が懸念される場合には、前章での説明のとおり、米国税関に事前教示を求めることが最も合理的、コンプライアンス上確実な対応方法であるといえます。

　以下に、ダブル適用が懸念される輸入について、米国税関が行った事前教示の実例をいくつか紹介します。

（1）動画撮影用手持ちカムコーダーの生産工程の途中で中国が 関与したが、日本国原産と認められた事例

＜事例の概要＞

　動画撮影用手持ちカムコーダーの原産国表示（2019年４月18日：N303576；OT:RR:NC:N2:208）

＜加工・製造工程＞

　動画撮影用手持ちカムコーダー本体、ファームウェア及び重要なコンポーネンツの一つに係るデザイン及び開発に加え、製造工程の最終組立て、ファームウェアのプログラム、インストール、調整、試験、包装及び船積みも日本国で行われている。

　具体的には、２つの重要なコンポーネンツであるイメージセンサー及びイメージシグナル・プロセッシング・ボード（ISPボード）のうち、イメージセンサーは日本製で、ユニット化した後中国で基板、フックリング、Ｆキャビネット、外輪及びリングプレートと共にモジュールに組み込まれる。一方、ISPボードは複数の国を原産国とするコンポーネンツから中国で組み立てられ、日本国における最終組立のために日本国に戻される。

　ファームウェアは、カムコーダーを機能させるためのソフトウェアで、日本国で開発され、ISPボードにインストールされる。ファームウェア開発にはプログラム・コードの作成を含む。

　最終的に、調製、試験および包装が日本国内で行われる。

＜原産性判断とその理由＞

　提示された事実から判断し、本件カムコーダーは日本国において実質的に

変更されたものと認められる。

（2）中国産材料を使用してメキシコで電気モーターを生産し、米国に輸入された場合の通商法第301条及びNAFTA原産国表示の適用上の原産国が異なると判断された事例

<事例の概要>

　メキシコで生産された電気モーターの原産国表示及び通商法第301条の適用上の原産国（2019年10月11日：HQ H305370 - HQ H301619の結論の再審査を要求; OT:RR:CTF:VS H305370 JMV。結論としてHQ301619を支持。）

<加工・製造工程>

　電動ドアロックに使用される最大出力5.795ワットの直流整流子電気モーター（第8501.10.40）は、第85.03項（第85.01項又は第85.02項の製品に使用される専用部品）に分類される（ⅰ）固定子又は後部ハウジング、（ⅱ）ローター又は電機子アッセンブリー、及び（ⅲ）大端部キャップの3つのコンポーネンツから構成される。これらのコンポーネンツの原産国は中国であり、メキシコで最終製品に組み立てられる。

<原産性判断とその理由>

ａ．NAFTAマーキング・ルール上の原産国

　メキシコはNAFTA構成国であるので、原産地表示はNAFTAマーキング・ルールによって決定される。第85.01項に適用される品目別規則は「項変更」であるので、本電気モーターのNAFTAマーキング・ルール上の原産国はメキシコと認められる[59]。

ｂ．通商法第301条適用上の原産国

　申請者は、通商法第301条の適用を判断するための原産地規則はNAFTAマーキング・ルールであるべきと主張するが、同マーキング・ルールの適用範囲は税関規則第102条で明らかにされており、第301条等の適用に当たっては使用されない（19 C.F.R. § 102.0）。通商法第201条、第232条、及び第301条の貿易救済措置の適用に当たっては、実質的変更の分析が採用される。

（本件が支持するHQ301619の結論部分の概要を引用すると）『中国から輸入されたサブアッセンブリーは中国で製造され、メキシコに輸入された際には電気モーターの部品及びコンポーネンツとしての予め決められた最終用途を持っていたと認められる。提出された情報から判断すると、メキシコにおける生産工程は単なる組立てであり、外国製のサブアッセンブリーには実質的変更が生じていない。したがって、本件電気モーターの原産国はサブアッセンブリーの原産国である中国であると認められる。米国関税率表第8501.10.40号に分類される本件サブアッセンブリーに対しては、25％の追加関税が課せられる。』

(3) 中国製の材料とメキシコ製の材料を使用してメキシコで生産された電動可変式ベッドのNAFTA原産国表示及び対中国第301条追加関税の適用上の原産国が双方ともメキシコと判断された事例

＜事例の概要＞

電動可変式ベッドの原産国（2019年12月9日：N307587; CLA-2-94:OT:RR: NC:N4:433）

＜加工・製造工程＞

マットレスの位置をプラットフォームに取り付けられた電動装置によって変動させる機能を有するベッドをメキシコにおいて生産し、米国に輸入する。こうした可変式ベッドは、伝統的な箱型のスプリングベッドに代わるもので、有線又は無線でのリモコンによってプラットフォームの位置を自由に動かすことができる。オプションによって、振動マッサージ機能のためのモーター、USBポート、ベッド下を照らすLED照明を取り付けることもある。

使用された材料のうち、木製の床板、木製のフットボード、木製のサイプレート、木製のシートプレート、組立用の金具類、電源、不織布及びその他のコンポーネンツが中国からメキシコに輸入されている。一方、木片、型、フォーム、組立用の金具、梱包用材料及びその他のコンポーネンツがメキシコで調達されている。メキシコにおいて、約300の個々のコンポーネンツ及

び材料が組立作業者、製造技術者、品質管理者によって以下の工程に従って組み立てられる。

第1段階：木製デッキのサブアッセンブリーがマットレスを支える主要要素を形作る。木製デッキは中国製の4つのプレート（床板、フット、サイ、シート）から構成され、作業台で揃えられて製造される。これらのプレートは、鉄粉塗装された蝶番アッセンブリー、亜鉛張りの六角形ボルト、及びプロンジTナッツ（差込式ボルト受）で固定される。

第2段階：メキシコ原産のフォームが側面レール製造のために切断される。作業員は熱を加えて溶けた接着剤を組み立てられた木製デッキの縁とフォームから製造した側面レールの間にしっかりと塗り込む。フォーム・レールはデッキの角を保護し、美観を保ち、装飾具の取付け部分となる。

第3段階：木製デッキが裏返され、トップが上向きとなる。作業員はスプレー機器を使用し、メキシコ製の糊をマッサージ用のモーター用の穴及び木製デッキアッセンブリー全体に均等に吹き付ける。メキシコ製の高密度フォームが木製デッキアッセンブリーに添え付けられる。フォーム及び木製デッキアッセンブリーはそれぞれの蝶番が取り付けられたパネル部分で折り曲げられ、糊を固着させ、乾燥させる。

第4段階：作業員は、高密度フォームの上向き表面の全面に糊付けする。中国原産の裁断され縫い合わされた生地がフォーム及び木製デッキアッセンブリー上に布張りされる。

第5段階：布張りされた木製デッキアッセンブリーは裏返され、背面が上向きになる。中国製の黒色不織布が釘打ちされ、角をそろえて折り目とひだを押し出す。

第6段階：中国で調達されたマッサージ用（振動）モーター、リモコン・ユニット、黒色粉塗装された鉄鋼支柱、USB電源ポート、鉄板、組立用の金具類及びゴム製のケーブル管理導管が木製デッキアッセンブリーに添え付けられる。

第7段階：中国製の鉄鋼溶接された物品が木製フレームの異なるピボッ

ト・ポイントに取り付けられる。

第8段階:中国製のケーブル管理用のプラスチック・コネクター、電源ケー
ブル、リニア・アクチュエータ・モーター、モーターピン、モーターピ
ン・ロック、及びクリップ・モーターケーブルが所定の位置に取り付け
られる。製品のこん包及び輸出前に中国製の電源及びリモコン装置に通
電し、電動式変動式ベッドの機能が試験される。

＜原産性判断とその理由＞

a ．NAFTAマーキング・ルール上の原産国

NAFTAマーキング・ルールによると、２カ国以上が生産に関与した場合
の原産国決定は、第9403.20号に設定される関税分類変更基準を満たすか否か
による。同号の規則は、以下のとおりである。

第9403.10号から第9403.89号までの産品へのこれらのグループ以外の号の材料
からの変更。ただし、当該変更がHS通則２（a）の適用によって生じた場合に
は、第9401.10号から第9403.89号まで、及び第9401.90号又は第9403.90号の材
料からの変更を除く。

中国原産の材料・コンポーネンツがメキシコ原産の材料・コンポーネンツ
と共に組み立てられ、結果として第102.11(a)(3)に規定される関税分類変更
を生じさせることから、電動可変式ベッドはメキシコ産品であると表示され
る資格を有する。

b ．通商法第301条適用上の原産国

本件電動可変式ベッドの生産は、産品のプラットフォーム・ベース、木製
デッキアセンブリーの製造、フォーム及び生地の特定サイズへの裁断、及び金
属製の調整可能なフレームの設置を必要とする。その他の製造工程は、サポー
トシステムとデッキの構造を木材、糊、生地、鉄鋼溶接、ファスナー、電気
モーター、及びコントロール・システムによって結合させることで釣り合い
をとることであるので、これらの部品の総体は電気機械的な変動式家具へと
変更することになる。主要なアッセンブリーとそのコンポーネンツは、どの単
独のコンポーネンツも単独では変動式ベッドとして機能しえない程度に改変
される。この場合において、中国原産の材料コンポーネンツ及びメキシコ原

産の材料コンポーネンツはメキシコでの製造中にそれらの独自性（identity）を失い、実質的変更が生じることによって、新たな名称、特性及び独自性を得ている。上記の事実から、本件可変式ベッドの原産国はメキシコであると認められる。

　メキシコ産と認められることから、本件可変式ベッドに対する対中国第301条の追加関税は適用されない。

（4）中国原産の木材パネルにカナダであり継ぎ接続加工等を行ったドロワーボックスのNAFTA原産資格、対中国第301条追加関税の適用上の原産国及びNAFTA原産国表示がいずれもカナダと判断された事例

＜事例の概要＞

　カナダから輸入されたドロワーボックス（第9403.90.7080）のNAFTA原産資格、第301条の適用及びNAFTA原産国表示（2019年5月14日：N304029;CLA-2-94:OT:RR:NC:N4:433）

＜加工・製造工程＞

　木製ドロワーボックスは、UVコートされた、ポプラ材の複数サイズドロワーボックスのブランクである。横面計測では、幅が2インチから4インチ、深さが1.5インチ、奥行きが32インチ。正面計測では、幅が2インチから4インチ、深さが1.5インチ、奥行きが18インチ。背面計測では、幅が2インチから4インチ、深さが1.5インチ、奥行きが18インチ。底面計測では、幅が2インチから4インチ、深さが4分の1インチ、奥行きが18インチである。本品が米国関税率表において分類される細目は、第9403.90.7080である。

　材料である木材パネルは中国において、丸太から複数の企画サイズの長方形に切断され、溝付けされ、UVコートされ、カナダに輸出される。カナダにおいては、木材パネルを雌雄に切り込み、あり継ぎ接続（dovetail joint）を左右及び背面で行い、やすり掛けし、引出しの底面及び側面を組み立て、検査、ラベル貼付及び輸出用にこん包する。

＜原産性判断とその理由＞

ａ．NAFTA原産資格の判断

第9403.90号に適用される品目別規則は、「項変更」である。中国から輸入される材料はHS第20部以外に分類されることから、当該製造により関税分類変更が生じている。したがって、木製ドロワーボックスはNAFTA特恵税率の適用資格を有する。

ｂ．通商法第301条適用上の原産国

カナダにおける中国製木材プレートの製造工程は、実質的変更を生じさせるものと認められる。したがって、カナダで製造された木製ドロワーボックスは第301条の貿易救済措置に適用対象とはならない。

ｃ．NAFTAマーキング・ルール上の原産国

NAFTAマーキング・ルールによると第9403.90号に適用される品目別規則は、「項変更。ただし、第9401.90号からの変更を除く。」となっている。提供された情報から、関税分類変更を満たすものと認める。したがって、NAFTAマーキング・ルール上の原産国はカナダである。

（5）中国製の生地をベトナム又はメキシコで室内装飾用品キットに加工・製造し、米国に輸入した場合の原産国表示上の原産国、NAFTA原産資格、NAFTA原産国表示上の原産国及び対中国第301条追加関税適用上の原産国がいずれもベトナム又はメキシコと判断された事例

＜事例の概要＞

室内装飾用キット（第9401.90.5021）のNAFTA原産資格、第301条の適用及びNAFTA原産国表示（2019年3月8日：N303346; CLA-2-94:OT:RR:NC:N4: 433）

＜加工・製造工程＞

室内装飾用品（upholstery）キットは、以下の2通りの方法で製造される。

ⅰ　ベトナム経由：中国製の生地がベトナムに輸入され、所定の製造工程

を行った後に、米国に輸入される。

ⅱ　メキシコ経由：中国製の生地がメキシコに輸入され、所定の製造工程
　　を行った後に、米国に輸入される。

　所定の製造工程は、生地の裁断、縫い付け、成形、ファスナーの取付け、みみず腫れ縁飾り、装飾、ボタン付け、ひだ付け等を行い、椅子、ソファ及びオスマン（背なしソファー）用に仕上げられ、サイズと形状に合うように調整される。完成後に、「室内装飾用品キット」は詰め物をせずに米国に輸入され、米国業者に販売された後に最終的な詰め物及び組立てが行われる。

　室内装飾用品キットとは、いくつものコンポーネンツから構成される人造繊維の製織又は編まれた布製品で、それらのコンポーネンツはソファー、オスマン、ロマンスシートのサイズ及び形状に合わせて裁断され、縫い合わされ、成形され、未加工の端が取り付けられ、後に家具フレームに固定される座席又は背面クッションにファスナーを取り付けている。室内装飾用品キットは、最終的に小売用に販売される製品として製造工程の一部をなすものであり、中綿を含まない。

＜原産性判断とその理由（ベトナム経由の場合）＞
a．原産国表示上の原産国

　中国原産の材料コンポーネンツは、ベトナムにおいて新たな名称、特性及び独自性（identity）を有する室内装飾用品キットとして実質的変更が生じたと認められる。したがって、室内装飾用品キットの原産国表示上の原産国はベトナムである。

b．通商法第301条適用上の原産国

　同じ理由から、通商法第301条適用上の原産国はベトナムであり、通商法第301条の貿易救済措置の適用はない。

＜原産性判断とその理由（メキシコ経由の場合）＞
c．NAFTAマーキング・ルール上の原産国

　NAFTAマーキング・ルールによると、2カ国以上が生産に関与した場合

の原産国決定は、第9401.90号に設定される「項変更。ただし、第9403.90号からの変更を除く。」を満たすか否かによる。

中国からの生地は第94類以外に分類されることから、本号に適用される関税分類変更要件を満たす。したがって、本キットは原産国メキシコとする資格を有する。

d．NAFTA原産資格の判断

NAFTA原産資格の有無については、米国関税率表の一般的注釈12(b)の基準にしたがって判断される。本キットに適用される品目別規則は、「項変更」であることから、中国原産の生地が、裁断され、縫い付けられ、成形され、ファスナーが取り付けられ、みみず腫れ縁飾りされ、装飾され、ボタン付けされ、ひだ付け等が行われ、椅子、ソファ及びオスマン用に仕上げられ、サイズと形状に合うように調整されることで、HS項変更の要件を満たす。したがって、メキシコで生産された室内装飾用品キットはNAFTA原産資格を有する。

e．通商法第301条適用上の原産国

米国税関は、通商法第301条適用上の原産国判断が伝統的な実質的変更の分析によって行われるべきとの意見を有する。メキシコでの製造は、最終製品が中国製の生地から裁断され、縫い付けられ、成形され、ファスナーが取り付けられ、みみず腫れ縁飾りされ、装飾され、ボタン付けされ、ひだ付け等が行われ、椅子、ソファ及びオスマン用に仕上げられ、サイズと形状に合うように調整されたことで、異なる名称、特性及び用途を持つに至ったと認められる。

以上の事実から、米国関税率表第9903.88.03号の適用のための室内装飾用品キットの原産国はメキシコである。したがって、本件の室内装飾用品キットに対する通商法第301条の適用はない。

要点整理

米国における原産国決定に適用される原産地基準

FTAの原産資格：

＊　各FTAの特恵原産地規則（例えば、日米貿易協定米国規則）

NAFTA構成国の原産国表示上の原産国：

* 　NAFTAマーキング・ルール

NAFTA構成国以外の国の繊維・衣類の原産国表示上の原産国：

* 　繊維ルール

* 　イスラエル繊維ルール（イスラエルを最終輸出地とする場合）

「実質的変更」の判断により決定される原産国：

* 　1974年通商法第201条、1962年通商拡大法第232条及び1974年通商法第301条の貿易救済措置

* 　米国政府調達

* 　最恵国税率適用及び通常貿易関係

* 　米国税関が管轄する原産国表示に関連する上記以外の全ての産品の原産国表示

☕ TEA BREAK

EPA特恵原産地規則を10分間で復習

　EPA特恵関税制度を利用してEPA税率を適用しようとする場合、いきなり原産地規則を適用すべく規則集に向き合っても、合理的な結果が得られるとは限りません。特恵関税の適用には手順があります。

EPA特恵関税適用の手順

　まず、対象産品が有税品目であるか否かを確認すべきです。一般税率が無税であれば、わざわざ原産性を立証して「特恵無税」を適用する必要はありません。当該産品の一般税率が有税であれば、当該産品にEPA税率が設定されているかを確認します（適用品目のリスト及びEPA税率をリスト化した表は、「譲許表」と呼ばれます）。

　有税であってEPA税率の設定があることが確認されたら、一般税率とEPA特恵税率との差（特恵マージン）を把握し、立証のための事務経費等を勘案し、当該特恵マージンでビジネスとしてEPAを使用する価値があるかを判断します。

　価値があるならば、当該産品の輸入に何等の輸入制限（例えば、関税割当）が課せられていないかを確認します。

　以上の点をクリアーして、初めて原産地規則との相談となります。原産性の判断を行った後、輸出後の積送要件、原産地証明書・自己申告等の手続要件をクリアーし、はじめてEPA税率の適用が可能となります。

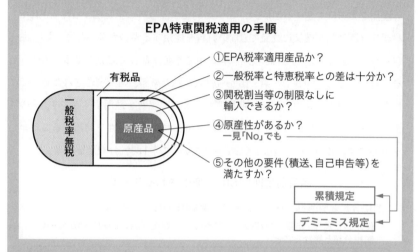

EPA特恵関税適用の手順

①EPA税率適用産品か？

②一般税率と特恵税率との差は十分か？

③関税割当等の制限なしに
　輸入できるか？

④原産性があるか？
　一見「No」でも

⑤その他の要件(積送、自己申告等)を
　満たすか？

累積規定

デミニミス規定

原産性の判断基準

　原産性の判断に当たっては、当該産品の生産が１カ国で完結しているか、２カ国以上が生産に関与しているかで、適用されるルールが大きく異なります。１カ国だけの場合には、完全生産品定義が適用され、２カ国以上が関与する場合には、実質的変更を表現した品目別規則が適用されます。

　例外的に、原産材料のみから生産された産品がありますが、例えば、輸入された原油からプラスチックの一次製品が生産され(その時点で原産品に転化)、

原産性の判断基準：３つのルール

完全生産品か？
➡　産品の生産に１ヶ国だけが関与

原産材料のみから生産されたか？
➡　産品の生産に直接使用される材料はすべて原産材料。しかしながら、生産工程の上流で非原産材料が使用されている。

品目別規則(product-specific rules of origin：PSR)**を満たすか？**
➡　産品の生産に２ヶ国以上が関与し、直接使用される材料に非原産材料が含まれている。したがって、当該非原産材料が産品に「実質的に変更」したか否かを判断する。

その一次製品のみを使用してプラスチックの最終製品（例えば、ペットボトル）が生産された場合がこれに該当します。

品目別規則で使用される3基準

　産品を実際に生産するとなると、EPA締約相手国以外の第三国から輸入された材料又は原産国が確実に立証できない材料を使用する場合が多いと思います。品目別規則の適用においては、使用材料の中で原産品として立証できるもののみを原産材料として設定し、第三国から輸入された材料、国内調達された材料で原産性の立証ができない材料は非原産材料として規則を適用すべきです。そのような場合は、基本的には、以下の3基準のどれかで原産性を判断することが一般的です。このうち、最も多く設定されているのが「関税分類変更基準」です。

品目別規則（PSR）で使用される3基準

関税分類変更基準　➡　ほぼ、すべて（**全体の9割超**）の品目で使用

　　使用した原産・非原産材料のうちすべての非原産材料の関税分類が産品の関税分類と異なること。

付加価値基準　➡　主に、機械類で選択肢の一つとして使用

　　原則として、産品の生産において**使用された非原産材料と産品の価額差**を内国付加価値とし、産品の価額に対する比率が定められた数値以上となること（計算式は複数存在）。

加工工程基準　➡　化学品等で使用

　　産品が指定された方法（例えば、化学反応、精製）によって生産されること。

関税分類変更基準が、産品が実質的に変更したことを表現する方法として適格でない場合に使用される。

救済措置としての累積規定・デミニミス規定

　その際に、EPA締約国から輸入された材料が産品の生産に使用される場合、当該材料が原産品であれば自国の原産材料として自国扱いできますし（累積規定の適用）、当該EPA締約国の非原産品、当該国で行われた生産行為についても、完全累積であれば更なる救済が可能です（第3話参照）。

　もう一つの救済規定として、「デミニミス規定」があります。関税分類変更基準に限られますが、関税分類変更基準を満たさない非原産材料がごくわずか（EPAによって数値は異なりますが、多くは、産品の価額の10％以下、繊維製品であれば重量の10％以下）であれば、当該非原産材料の使用がなかったものとして規則の適用ができます。

僅少の非原産材料・許容限度（デミニミス規定）

生産に使用した非原産材料がごく僅かであるにもかかわらず、当該非原産材料の使用が原因で品目別規則を満たさない場合に、その使用の事実を原産性審査の対象から外すことができる。

品目別規則だけに適用。完全生産品定義には適用なし。

通常、関税分類変更基準にのみ適用される。

　原産性判断に必要な要件は、おおむね以上のとおりです。これらの他にも技術的な規定がいくつもありますが、ここでは触れません（詳しい内容については、『メガEPA原産地規則―自己申告制度に備えて―』日本関税協会（2019年8月）をご参照ください）。

積送基準

　次に、産品が輸出締約国から離れ、輸入されるまでの間に、当該産品が第三国ですり替わって非原産品に特恵税率が適用される事態を避けなければなりません。そこで、積送基準が定められています。

　メガEPAが締結される以前の既存の協定においては、第三国における行為は、積替え、又は船舶運用の都合で一時蔵置されることのみが想定され、単純な積卸し、産品を良好な状態に保存するための措置が認められるのみでした。

　一方、メガEPAにおいては、積送基準が大幅に緩和され、長期蔵置が認められ、輸入国の事情でラベル貼付等が必要な場合にはそのための作業を容認し、積送要件具備の証明に運送書類等の民間書類での立証で十分としています。自己申告制度の採用とこの緩和措置によって、複数の特恵制度の同時運用として第三国に蔵置された原産品を直接相手国に特恵輸出する道が拓かれました。

積層基準（既存協定）

【タイ・マレーシア第32条；フィリピン・インドネシア第33条；ブルネイ第28条；インド第34条；モンゴル第3.8条】

1．次のいずれかの条件を満たしたものは、積送基準を満たした原産品とする。

(a)当該他方の締約国から直接輸送されること。
(b)積替え又は一時蔵置のために一又は二以上の第三国を経由して輸送される場合にあっては、当該第三国において積卸し及び産品を良好な状態に保存するために必要なその他の作業以外の作業が行われていないこと。

2．積送基準を満たさない場合、当該他方の締約国の原産品とはみなさない。

積層基準（メガ協定）

・第三国の税関監督下で長期蔵置が可能

・輸入国の国内法規の要請であれば、第三国の税関監督下でラベル・証票等の表示等のための作業を許容

・輸入国税関から積送要件充足の証拠を求められた場合、運送書類等の民間書類での立証で十分

　最後に、自己申告と事後確認について、簡単に触れておきます。第三者証明における原産地証明書の取得については、商工会議所のウェブサイトが充実しているので、そちらをご参照ください。

メガ協定における自己申告制度

　メガ協定では、日豪EPAのように第三者証明と自己申告制度を併用せずに、完全に自己申告のみとなっています。TPP11と日EU・EPAでは輸出者、生産者及び輸入者の3者が自己申告を行えますが、日米貿易協定では輸入者に限られます。

　輸入に際しての各締約国の国内手続きは、それぞれ異なるので留意してください。我が国の場合は、協定上の自己申告文書を「原産品申告書」として自己申告手続きの共通化を図っています。その他にも、「原産品申告明細書」その他の資料の提出が輸入申告時に求められます。EUも米国も、輸入申告時の要件は単なる電子申告項目のチェックで足りますが、リスク判定に従って事後的にしっかりとした証明が求められるので、留意してください。

メガ協定における自己申告・事後確認のポイント

完全自己申告制度を採用

・輸出者・生産者・輸入者 − 原産地証明書　　―　（TPP11）

・輸出者・生産者 − 原産地に関する申告
　輸入者の知識をベースとした特恵待遇要求　｝（日EU）

・輸入者による原産品申告（日本国）
　輸入者の知識・所持する情報（米国）　｝（日米貿易協定）

事後確認（検証）

　事後確認は、通常、輸入国税関が輸入者に疎明を求めることから始まります。その際に、十分な説明が得られれば事後確認は終了となりますが、そうで

ない場合には協定ごとに、輸出者・生産者と輸入者とで異なる対応が求められます。

【輸出者・生産者の立場】

まず、我が国を輸出国とする輸出者・生産者の立場から説明します。

TPP11では、相手国（輸入国）税関から英文で質問状が届くので、期限内に英文で回答しなければなりません。その回答内容が十分と認められない場合には、相手国職員による自己申告を行った輸出者・生産者の施設等への訪問確認の要請が出されることがあります。

日EU・EPAでは、相手国（EU）税関から日本国税関に照会があり、日本国税関は輸出者・生産者から必要な情報を入手した上で、EU税関に必要な情報を提供します。

日米貿易協定では、米国在の輸入者に対してのみ米国税関から照会があるので、我が国の輸出者・生産者は、確認手続きに何ら関与しません。ただし、産品の情報を最もよく知っているのは輸出者・生産者なので、輸入者と相談の上、輸入者に、又は米国税関に（任意で）直接、資料提供を行うことができます。

いずれの場合も、<u>相手国の輸入者が自己申告を行った場合は、我が国の輸出者・生産者に対して相手国税関からの照会はありません</u>。また、輸出者・生産者が社外秘の情報を輸入者・輸入国税関に提供する必要はありませんので、留意してください。

【輸入者の立場】

次に、我が国を輸入国とする輸入者の立場から説明します。

TPP11では、日本国税関からの照会があるので、十分な回答を提出する必要があります。回答内容が十分でない場合、輸出国の自己申告を行った輸出者・生産者に対して日本国税関から直接、照会されます。

日EU・EPAでは、TPP11と同様に日本国税関からの照会があります。回答内容が不充分な場合、日本国税関はEU税関に対して照会し、EU税関から回答を得ます。

日米貿易協定では、日本国税関からの照会だけになります。万一、米国の輸出者・生産者との間で日本国税関に直接に情報提供する旨の合意ができれば、

文書化した上で、輸出者・生産者に履行を求めることが賢明です。

　いずれの場合も、輸入者が自己申告を行った場合には、日本国税関が相手国に照会することはありません。また、我が国特有の制度ですが、原産品申告書等で原産性立証に必要な情報が整っていれば、事後確認の対象とされる確率は低くなるはずです。逆に、原産品申告書等に具体的な情報が記されていなければ、その確率が高くなることは疑いありません。

　上記の説明を図示すると、以下のようになります。

輸入国税関による事後確認は、まず輸入者へ。疑義が残れば …

●輸入国税関が直接(TPP11)輸出者・生産者に：英語の質問に英語の文章で回答

●輸入国税関の依頼で輸出国税関が間接的に(日EU)輸出者・生産者に：日本国税関が日本語で質問、日本語で回答

●輸入国税関が輸入者に（日米）：輸出国税関・輸出者・生産者には照会しない（輸出者・生産者は、輸入者のアレンジにより任意に輸入国税関に資料を提出できる）

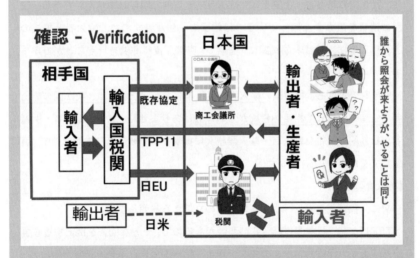

書類保存義務

　なお、原産性の立証に必要な書類には、保存義務がかけられています。したがって、その期間は税関からの照会があれば提出できる体制を整えておく必要があります。日本国への輸入であれば、原産品申告書とともに提出してしまえば、輸入者の保存義務は解除されます。

書類保存義務

■**保存期間**

TPP11：原産地証明書を作成した輸出者・生産者・輸入者 ➡ 5年間

日EU ：原産地に関する申告又は自らの知識による輸入者 ➡ 3年間
原産地申告書を作成した輸出者・生産者 ➡ 4年間
➡ **関税法施行令の適用により、輸入者は5年間（輸出者は4年間）となる。ただし、税関に提出した書類は保存義務免除。**

日米 ：日米両国 ➡ 5年間。日本では許可の翌日から（原産品申告書等）

既存協定：原産地証明書の発給の日から、協定では5年間

■**書類保存の形態**

電子媒体での保存を許容

（注）

59　本決定は、2018年11月6日付、HQH301619において、2018年7月25日付、NY N299096の事前教示を修正したもの。その理由として、NAFTAマーキング・ルール第102.11条（一般規則）(d)の「単なる組立て（simple assembly）」規定を援用してメキシコでの原産性を否定し、中国原産としたが、本決定において第102.11条（一般規則）の規定は上から順番に適用しなければならない原則（sequential application）があるため、第102.11条(a)(3)（品目別規則を適用して決定）で原産国決定できる場合に下位順位の(d)項を適用することはできないとした。

〈 索 引 〉

（著者）今川　博

(一財) 日本貿易関係手続簡易化協会（JASTPRO）業務二部長、青山学院大学経営学研究科客員教授、WCO認定専門家（原産地規則、基準の枠組み）。20年超にわたり原産地規則の策定・執行に従事し、国際機関等での勤務・内外講演経験も豊富（国連貿易開発会議（GSP）5年、WCO（WTO非特恵調和規則）9年、インドネシア経済担当調整大臣府（JICA専門家）3年、51ヶ国94都市で講演）。TPP、日EUを含む原産地規則交渉にも多数参画。東京税関総括原産地調査官、財務省関税局原産地規則専門官を経て、2015年横浜税関業務部長。2016年9月から現職

（著作）

・「一話完結 原産地オタク達の八丁堀梁山泊」、「JASTPRO調査研究：非特恵原産地規則」（JASTPROウェブサイトで原産地に関連するエッセイ等を毎月更新中）
・「検証 WTO非特恵原産地規則調和作業」（JASTPROウェブサイトで2016年12月から2020年4月まで40回にわたって連載）
・「メガEPA原産地規則─自己申告制度に備えて」今川・松本共著（日本関税協会、2019年8月）
・"Embedding the HS in the business world to enhance work on rules of origin", *WCO News No. 88*, pp. 72-75（Brussels: World Customs Organization, February 2019）
・「特恵原産地規則における累積制度」（『貿易と関税』65/5、日本関税協会、2017年、18-37頁）
・Paul Brenton and Hiroshi Imagawa, "Rules of Origin, Trade and Customs," Chapter 9 in Luc De Wulf and José B. Sokol (eds.), *Customs Modernization Handbook*, pp. 183-213 (Washington, DC: The World Bank, 2005).
・Hiroshi Imagawa and Edwin Vermulst, "The Agreement on Rules of Origin," Chapter 15 in Patrick F. J. Macrory, Arthur E. Appleton and Michael G. Plummer (eds.), *The World Trade Organization: Legal, Economic and Political Analysis*, Vol. I, pp.601-678 (NY: Springer, 2005).

日米貿易協定─原産地規則の概要と実務─

2020年8月25日　初版発行　ISBN 978-4-88895-460-0

発行：公益財団法人 日本関税協会

〒101-0062 東京都千代田区神田駿河台3-4-2
日専連朝日生命ビル6F
https://www.kanzei.or.jp/
© Hiroshi Imagawa, 2020 Printed in Japan